승리의 행진

미국 교도소와 문서 선교
회상록

Prisoners Victory Parade
Extraordinary Stories
of Maximum Saints and Former Prisoners

이영희 지음
박민철 옮김

『승리의 행진, 미국 교도소와 문서 선교 회상록』
(*Prisoners Victory Parade, Extraordinary Stories of Maximum Saints and Former Prisoners*)
지은이: 이영희
옮긴이: 박민철 전도사
영어 초판 1쇄 발행 2011년 9월 1일
한국어 초판 1쇄 발행 2013년 7월 1일
　　　　2쇄 발행 2014년 4월 1일
© 2014 이영희 (Yong Hui V. McDonald also known as Vescinda McDonald)
표지 그린이: 박영득 (Holly Weipz), 일러스트레이터
표지 디자인: 르넷 맥클레인 (Lynette McClain)
그린이: 버니, 바비 미셜, 찰스 폭스, 박영득
주 편집: 김성민
편집: 김경희, 강은아, 베로니카 김, 박영득, 김승인 목사,
　　　Nadia Garcia, Tiffany Vining, Rita Finney, 한명옥
표낸곳: 아도라 (Adora Productions)
ISBN: 978-1489507259
홈페이지: www.maximumsaint.org
　　　　http//blog.daum.net/hanulmoon24
이메일: tppm.ministry@gmail.com
　　　yonghui.mcdonald@gmail.com
　한국 연락처: 이본 목사, 변화 프로젝트 지부장
　　　　　이메일: leeborn777@hanmail.net
홈페이지: http//blog.daum.net/leeborn777
홈페이지: http//blog.daum.net/hanulmoon24
(본문의 성경구절은 대한성서공회의 개역개정판을 따랐습니다.)

(아도라는 스페인어로 Adora이고 영어로는 Adoration으로서 하나님을 깊은 사랑과 존경으로서 경배한다는 뜻으로 사용이 되었습니다. 아도라의 목적은 문서를 통하여 예수님의 사랑의 이야기를 땅 끝까지 전하여 사람들의 영적인 성장과 치유를 추진하는 것입니다.)

이 책을 당신께 바칩니다

　이 글을 내가 가장 소중하게 생각하며 사랑하는 예수님과 하나님 아버지, 성령님 그리고 모든 재소자들, 또 그들의 가족들과 재소자들을 돕는 모든 사람들을 위해서 바칩니다.

그림: "주님께 영광을" — 버니

감사의 글

이 책이 출판될 수 있도록 많이 수고하시고 도와주신 분들에게 감사드립니다. 번역을 해주신 박민철 전도사님, 아름다운 그림을 그려주신 박영득, 버니, 바비 미셸, 찰스 폭스와, 교정을 도와주신 김성민, 박영득, 강은아, 베로니카 김, 한명옥, 김승인 목사님, Nadia Garcia, Tiffany Vining, Rita Finney 그리고 나에게 믿음을 심어주시고 항상 기도하시며 격려를 해주시는 어머니께 진심으로 감사드립니다.

놀라운 은혜와 기적을 보여주시며 교도소와 문서 선교의 문을 열어주신 하나님께 깊은 감사를 드립니다.

차례

바치는 글
그림: "주님께 영광을" — 버니
감사의 글
서문

1부: 승리의 행진 / 11
   1. 한국의 재소자들
   2. 미국의 재소자들
   3. 노숙자보다 나은 대우
   4. 왜곡된 인식
   5. 가족들
   6. 질문
   7. 승리의 행진

2부: 최고의 성인들 / 21
     그림: "최고의 성인들" — 버니
     최고의 성인들의 작품
   1. 선교 여정 — 조나단 / 25
   2. 기도 / 29
     "기도의 힘" — 로이드 핸더슨 / 30
   3. 위대한 설교자 — 찰스 프레드릭 / 31
     "멘토" — 웨이몬의 간증 / 33

4. 놀라운 간증 / 33
  "뉴 멕시코 형무소" — 데오도어 산체스 / 33
5. 벽에 머리 박는 여자 / 35
6. 베트남 성경 책 / 36
7. 위로 / 38
8. 크리스마스 / 38
  "도넛" — 카를로스 탄구마 / 39
9. 주는 기쁨 / 40
  "최고의 선물" — 마이클 오코너 / 40
10. 교도소 목사: 리처드 스미를 / 41
11. 소망 / 46
  "나의 간증" — 마이클 콜린스 / 47
12. 용서 / 48
  "용서의 하나님" — 사무엘 우라이브 / 49
13. 스페인어 책 / 51
  "열매" — 미에야 비즈카라 / 53
14. 회복 / 54
  "놀라운 꿈" — 라키샤 비힐 / 55
15. 섬김: 디모데 갈시아 / 57
16. 믿음의 투쟁 / 59
  "모든 것이 가능하다" — 헤덜 워러하우스 / 59
17. 행복한 토끼: 크리스탈 길스파이 / 63
18. 기쁨의 춤 / 64
19. 교도소를 떠나는 슬픔 / 66
  "복음을 전하는 기쁨" — 그레그 리스코 / 67
20. 성령의 역사 / 68
  "가벼운 마음" — 피터 웅웬 / 69
21. 구원 / 70
  "기도의 힘" — 존 킹 / 71

22. 고난과 치유 / 72
   "진정한 부흥의 이야기" — 호세 마퀘즈 / 72
23. 평안 / 74
   "섬기는 기쁨" — 오마 카스타네다 / 74
24. 은사 / 76
   "주님께 감사드린다" — 모니카 발데즈 / 77
25. 구조 / 79
   "나를 사용하신 하나님" — 저스틴 렌지니 / 79
26. 영감 / 81
   그림: "십자가상의 예수님" — 찰스 포크 / 82

3부: 변화된 지도자들 / 83
   1. 새 희망 사역 설립자 / 84
      "발견한 희망" — 레이 차베즈 목사 / 85
   2. ABC 사역 설립자 / 87
      "선교계획서" — 조지 메들리 목사 / 88
   3. ABC 사역 관리자 / 94
      "후회는 없다" — 아이린 차베즈 / 94
   4. 열린 문, 조폭대안단체 설립자 / 100
      "나의 이야기" — 레온 켈리 목사 / 101

4부: 교도소와 문서 선교 회상 / 105
   1. 눈물
   2. 정신병 환자들
   3. 임재
   4. 크리스탈
   5. 격려
   6. 영적 부흥
   7. 문서 선교

8. 변화된 사람들
9. 부르심
10. 작은 계획들은 세우지 마세요
　　그림: "기도의 능력" — 바비 미셸
　　그림: "십자가" — 박영득

부록
그림: "아름다움" — 박영득
예수님께로 초대 / 132
변화 프로젝트 / 135
하늘문선교회 / 136
재향 군인회 재단 / 136
저자 소개
그린이 소개

서문

아일맆 신학대학원에서 하나님의 인도로 감옥 선교를 시작했다. 신학생들과 함께 콜로라도 주에 있는 8군데의 교도소와 형무소를 1999년부터 2002년까지 정말 신나게 사역했다. 나는 신학공부를 즐기는 사람인데도 학교보다도 감옥 선교가 더 재미있었다. 그 사역은 나에게 하나님은 지금도 우리가운데 살아계셔서 역사하시고, 성령께서 사람들을 변화 시키며 치유하고 계시다는 것에 대한 확인을 시켜주었다. 이런 생생한 경험들은 나의 삶에 전환점을 가져다 주었다.

학교를 졸업한 후 2003년부터 콜로라도 주에 있는 아담스 카운티 교도소에서 사역을 시작했다. 교도소 사역은 나에게 놀라운 하나님의 은혜와 축복을 가져다 주었다. 내가 그토록 간절히 보기를 원했던 미국의 영적 부흥을 재소자들과 문서 선교를 통해서 볼 수 있었기 때문이다.

2011년 5월 13일 하나님께서 수감된 자들의 가족을 도울 수 있도록 재소자들의 간증을 모아서 책으로 발행하라는 말씀을 하셨다. 사실 이 책은 내 생각대로 했으면 **출판될** 책이 아니었다. 왜냐면 나는 재소자들에 대한 책을 이미 5권이나 출판해서 더 이상 쓸 필요가 없다고 생각했기 때문이었다. 그러나 순종하는 마음으로 이 책을 쓰면서 교도소 사역을 회상하게 되었고 하나님께서 내게 얼마나 많은 축복을 주셨는지를 더욱 분명히 깨닫게 되었다. 왜냐하면 교도소 선교는 숨겨진 보화가 가득한 섬을 발견하는 것과 같기 때문이다. 재소자들이 하나님을 만나서 변화하는 모습을 옆에서 지켜볼 때 그들이야말로 하나님의 보배임을 깨닫게 되었다. 이 책을 통해서 하나님의 보배들에 대한 이야기를 세상과 나누도록 인도해주신 주님께 감사 드린다.

왜 진작 사역을 시작하지 않았을까 하는 아쉬운 마음도 들었고 그래도 뒤늦게나마 하나님께서 교도소 사역과 문서 선교를 인도하신 것에 대해서 감사드리는 시간이 되었다. 한걸음 한걸음 이 책을 쓰도록 인도해 주신 주님께 감사와 영광을 돌려 드린다.

이영희 목사
Chaplain Yong Hui V. McDonald
Adams County Detention Facility
Brighton, Colorado

1부:
승리의 행진

1. 한국의 재소자들

나는 교도소에서 일을 하므로 재소자들에 관한 책에 관심이 많다. 이 글을 쓰기 전에 한국의 재소자들의 실정을 기록한 두 권의 책을 읽었다. 그러면서 한국 교도소와 미국의 교도소가 어떻게 다른가를 상고하는 시간을 가졌고 하나님께서 이 글을 왜 쓰라고 인도하시는지를 알게 되었다.

먼저 북한의 고된 노동 조건 속에서 생존한 이순옥씨가 쓴 『꼬리 없는 동물의 눈, 북한 여성의 회고록』(Eyes of the Tailless Animals, Reflections of a North Korean Woman)이라는 책을 읽는 내내 경악을 금치 못했다.

북한의 재소자들은 동물만도 못한 취급을 받으며, 고된 노동 속에서 삶의 의미나 가치도 알길 없는 최악의 상황에 놓여 있다는 이야기였다. 너무 배고파서 흙을 먹고 죽은 사람들도 있었다고 한다. 기독교인 역시 박해와 끔찍한 고문을 받는다. 어떤 그리스도인은 황산을 부어서 죽게 만들었다. 많은 그리스도인들이 그들의 신앙으로 인해 죽었다는 이야기에 몸서리를 쳤다. 그런 악조건에서도 믿음을 지키기 위해서 목숨을 아끼지 않는다는 것에 큰 감명을 받았다.

또 다른 한권은 한때 한국에서 형무소장이었던 박효진씨가 쓴 『하나님이 고치지 못할 사람은 없다』라는 책이다. 저자는 재소자들을 너무 가혹하게 대해서 재소자들로부터 지옥에서 온 남자라는 오명을 얻었고, 일부 재소자들은 그를 죽일 공모를 하기도 했다. 그런 그가 하나님을 믿게 된 후 본인의 잘못을 깨닫고 눈물을 흘리며 회개 했다고 한다.

어느 날 예전에 의식을 잃을 만큼 심하게 때렸던 한 재소자에게 용서를 구했다. 그러나 그 재소자는 그의 진심에 전혀 반응이 없었다. 그 순간 하나님께서는 그냥 말로만 잘못했다고 하지 말고 무릎 꿇고 용서를 구하라고 말씀하셨다. 그는 너무 당황스러웠지만 주위에 누가 있나 둘러보니 아무도 없어서 좋은 기회다 하고 무릎을 꿇고 용서를 구했다고 한다.

그후 그 재소자는 그의 변화된 말과 행동에 감동을 받아서 끝내는 하나님을 믿게 되었다. 저자는 또한 사형수들이 하나님을 찾을 수 있도록 도와주었다. 집행 전에는 그들을 위해 기도하고 집행 후에는 그와 기독교 봉사자들이 시신을 잘 거둬 주었다. 이 책은 사형수를 도운 이야기와 함께 집행 전에 사형수들의 태도가 그에게 얼마나 큰 감동을 주었는지 이야기하고 있다. 나 역시 사형수들이 집행 장소로 가기 전에 미소짓고 찬양하며 그들의 신앙을 선포했다는 이야기를 읽고 크게 감동 받았다.

이 책은 내가 재소자의 고통을 더 많이 이해할 수 있도록 도와주었다. 비록 남한에는 종교의 자유가 있음에도 불구하고 재소자의 권리는 교도관의 폭력과 학대로부터 보호받지 못하고 있었다. 재소자들은 법을 어겼다는 이유로 그들이 받고 있는 수치와 고통을 호소할 방법이 없어 보였다.

어떤 상황에서도 폭력은 정당화 될 수가 없다. 그런데 다행히도 이제는 남한도 인권보호법이 제정되어 재소자들을 폭행할 수 없다는 반가운 소식을 들었다.

2. 미국의 재소자들

두 권의 책이 한국의 모든 재소자들의 상황을 대변해 주는 것이라고는 말할 수 없겠지만 그래도 어느 정도는 그들의 현실을 반영해 주는 것이라고 생각한다. 그 책들의 이야기를 통해서 한국과 미국 교도소의 환경이 많은 차이가 있음을 깨달았다.

　미국 법은 재소자의 인권을 보호하고 그들의 기본적인 의식주와 보호, 안전, 종교적 자유를 보장한다. 만약 이 권리가 지켜지지 않으면 재소자는 교도소나 형무소를 상대로 고소 할 수 있다. 매일 세 끼의 식사가 제공되고 건물안에는 여름에는 냉방, 겨울에는 난방 시설이 잘되어 있고, 무료 의료서비스는 물론, 필요하면 수술도 받고 처방약도 받을 수 있다. 약간의 비용만으로 의사의 진료를 받을 수 있고 그 돈도 없다면 비용을 지불하지 않아도 된다.

　물론 교도소마다 차이는 있겠지만 우리 교도소에서는 다양한 프로그램이 제공된다. 삶의 기술, 분노조절, 술과 마약치료클래스, 영어수업이나 검정고시가 무료이다. 정신 건강 서비스, 공무원, 심리학자, 간호사들이 있고 당직 의사가 재소자들을 위해 항시 대기한다.

　우리 시설에는 영적인 도움과 종교적 상담을 해 주는 두 명의 전임 목사가 있다. 자살이나 심각한 사건이 생길 때 마다 목사들이 슬픔과 위기를 극복하는 상담을 제공한다. 또한 재소자들에게 가족의 아픈 소식과 부고를 전달하고, 상처받은 재소자들을 상담한다. 목사는 매주 예배를 인도하고 예배와 성경공부를 돕는 자원 봉사자들 또한 많이 있다. 대부분의 재소자들은 각종 프로그램에 등록할 수 있으나 병원, 독방, 보호 수감, 중범죄자 감방 또는 특별 징계 중에 있는 이들의 참여는 제한된다. 그러나 그들도 다시 일반적 시설로 돌아오면 등록을 할 수 있다.

　교도소 재소자들은 대부분 재판이나 선고를 기다리거나 또는 짧은 기간만 복역하는 경범죄자들이다. 그래서 재소자들은 TV를 보거나 카드게임이나 농구를 할 수 있다. 일반

서적과 소설이 비치되어 언제든 읽을 수 있으며 가족들이 서점을 통해 보내는 것도 가능하다.

만약 가족이나 다른 사람이 재소자의 계좌에 돈을 넣으면 외부로 전화할 수 있는 시간을 가질 수도 있고 스낵, 우표, 공책, 라면, 커피 등을 주문 할 수도 있고, 교도소내의 경범자들이 있는 방안에는 캔디와 팝 자판기가 있다. 또한 전자레인지를 사용할 수 있는 특권도 있고 스낵과 다른 필수품도 살 수 있다. 그나마 돈이 없는 사람들은 매주 약간의 우표와 봉투 그리고 종이를 공급받아서 지인에게 편지도 보낼 수 있다. 복역기간을 줄이기 위해 세탁소에서 근무하는 사람들을 제외하고는 빨래를 할 필요가 없다. 마찬가지로 복역기간을 줄이기 위해 부엌에서 일하는 사람들을 제외하고는 요리할 필요도 없다.

재소자들에게 종교의 자유가 보장된 미국은 그들이 원하는 종교 서적을 요청 할 수 있다. 교도소에서 성경과 또 다른 종교에 필요한 책들을 도서실에다 준비하는 이유도 거기에 있다. 그렇다고는 해도 종교 서적도 사람들이 기증한 책들이어서 영적으로 성장 할 수 있는 책들은 막상 부족한 상태다.

3. 노숙자보다 나은 대우

잠 잘 곳이 없고 음식과 의료혜택이 부족한 노숙자들을 생각할 때 오히려 재소자들이 훨씬 더 많은 혜택을 받는다. 충격적이지만 실제로 추위를 피하기 위해 일부러 범죄를 저지르고 교도소에 온 사람을 만나본 적이 있다. 누군가에게는 그것이 엄연한 현실인 것이다. 비록 미국 교도소가 인권이나 기본적 필요를 채우는 면에서는 나쁘지 않아 보이지만 대부분 교도소에 들어와서 많은 것을 잃고 상처받는다. 낮은 자존감과 상실감으로 고통 받는 곳이다.

4. 왜곡된 인식

교도소와 형무소는 자살률이 높다. 폭력과 성적 학대도 발생하며 세력다툼이 일어나기도 한다. 어느 교도소와 형무소에 수감되느냐에 따라 다르긴 하지만 실제로 일어나고 있다. 그러나 미디어를 통해 과장 확대된 것만큼 심각한 것은 아니다. 재소자를 위해서 보호와 안전을 최우선으로 하기 때문이다.

그럼에도 불구하고 재소자들은 교도소에 대한 왜곡된 인식으로 인해 필요 이상의 두려움과 피해의식을 갖게 된다. 사실은 끔찍한 범죄를 저지른 이들이야말로 마음의 병이 깊은 경우가 많아서 치유가 필요한 사람들이다. 미국은 이백 삼십만이라는 가장 높은 재소자 인구를 가지고 있다. 미국 사람들이 다른 나라의 사람보다 더 악해서 그런 것이라고는 생각하지 않는다. 사실상 다른 나라에 비해 엄격한 법적 기준을 갖고 있는 미국에 재소자의 비율이 높을 수 밖에 없다.

차 사고를 내지 않았어도 음주 운전에 걸리면 교도소에 수감되고 교통법규를 위반하고 벌금을 못 내도 수감된다. 직접 살인을 하지 않았어도 방조한 경우 종신징역형을 받는 것을 보았다. 미국정부는 수감시설 비용으로 엄청난 돈을 지출하고 있다. 비용 면에서 볼 때 세계 1위일 것이다.

나는 가끔 재소자들에게, "당신들은 가장 진보된 나라에서, 혜택 많은 교도소에 수감되어 다른 나라 재소자들보다는 나은 대우를 받지만 정말 법이 엄한 나라에서 살고 있습니다"하고 말한 적도 있었다.

5. 가족들

어떤 내용으로 책을 구성할까 고민하던 중에 한 재소자에게 질문을 했다.

"재소자들의 가족들이 가장 궁금해하는 것은 무엇일까요?"

"아마 안전일 거에요. 텔레비전이나 대중매체는 형무소를 끔찍한 곳으로 묘사하잖아요."

듣고보니 그럴듯 했다. 언젠가 재소자의 아버지가 죽었는데 그의 어머니가 소식을 전하기 위해 왔다가 내게 말했었다.

"교도소에 있는 동안 우리 아이의 안전이 큰 걱정이에요. 기도는 하고 있지만 혹시라도 다치면 어쩌나 매일 걱정 속에 살고 있어요."

"그렇지 않아요. 이곳은 실제로 그에게 안전한 곳이랍니다. 당신 아들은 성경을 읽으면서 미소를 잃지 않고 있어요. 지금도 영적으로 성장하고 있고 하나님이 어떻게 그에게 축복하시는지 저에게 말해 주었죠. 염려는 하나님께 맡기시고 더 이상 걱정하지 마세요."

대부분의 교도소와 형무소는 일반인들이 생각하는 것보다 훨씬 안전하다. 조직폭력과 관련된 이들은 분리 수용되어 예배나 클래스에 참석할 수 없기 때문에 오히려 외부에 있는 것보다 위험에 노출될 확률이 더 낮은 것이다.

"교도소에서 일하는 것이 무섭지 않으세요? 겁나지 않으세요?" 많은 사람들이 내게 묻곤 한다. 그럴 때마다 나는 이렇게 대답한다.

"교도소는 밖에 보다 더 안전해요."

일반적으로 재소자라면 무조건 위험하고 극악무도한 사람이라고 단정지어 생각한다. 물론 그 중에 위험인물도 있지만 극소수일 뿐이다. 그러나 살인한 사람들도 직접 만나 보니 그들 역시 인정 있고 사려 깊으며 배려할 줄 아는 사람들이었다. 순간의 충동이나 잘못된 판단으로 죄를 지었지만 하나님의 형상을 가지고 태어난 귀한 존재들이다.

6. 질문

"정말 재소자들도 변합니까? 직접 보셨어요? 희망이 있는 일인가요?"

내게 수련회에서 만난 목사님 한 분이 질문했다.

"그럼요. 실제로 변화된 재소자들이 많이 있지만 알려진 게 없을 뿐이에요. 정말 많은 재소자들이 하나님을 섬기고 다른 사람을 돕고 있죠. 『최고의 성인들』 책은 그들의 놀라운 변화를 말해주는 신앙간증입니다. 또한 하나님의 은혜로 변화된 전과자들이 지역사회에 긍정적인 영향을 미치는 것도 많이 보았어요."

목사님이 눈을 크게 뜨며 말했다. "실제로 그렇게 변화한 사람을 한 번도 본 적이 없기 때문에 믿기 힘드네요."

나는 그 목사님을 통해 대중들이 재소자들을 어떻게 생각하고 있는지 알게 되었다. 대중매체의 부정적인 영향으로 편협한 고정관념을 갖게 된 것이 참으로 안타까웠다.

나 역시 교도소에서 사역하기 전까지는 신문과 미디어를 통해 부각된 이미지만 갖고 있었던 사람이었으니 그 곳에서 하나님의 은혜로 변화된 사람들이 존재할 거라고는 상상도 못했었다.

그제서야, 내가 직접 경험한 재소자들의 놀라운 이야기를 왜 그들의 가족을 위해 쓰라고 하셨는지 하나님의 뜻을 알게 되었다. 하나님은 밖에 사람들이 전혀 알지 못하는 재소자들의 영적인 부흥, 성령의 역사로 변화된 사람들의 이야기와 교도소 사역이 나에게 준 희망과 영적인 성장을 세상에 알리기 원하셨다.

내 초기의 계획은 오직 아담스 카운티 교도소의 재소자들의 이야기만 모으는 것이었다. 하나님은 이 책을 끝마칠 무렵 지역사회에 긍정적인 영향을 끼치고 있는, 하나님의 은혜로 변화된 전과자들의 이야기도 포함시키라고 말씀하셨다. 그들의 이야기는 재소자와 재소자 가족들에게 희망을 준다. 하나님의 은혜로 변화된 사람들은 전과자라도 사회에 공헌할 수 있고 큰 일도 할 수 있다. 바로 이것을 세상에 알리시기 위함이란 것을 깨달았다.

"주님, 이제 알겠습니다. 이 책을 인도하시는 주님을 찬양합니다. 주님은 언제나 항상 더 좋은 생각을 가지고 계십니다."

7. 승리의 행진

2011년 6월 25일 예수님이 재소자들을 이끌며 그들 앞에서 춤추는 환상을 보여 주셨다.

언젠가 천국에서 볼 수 있는 광경을 살짝 맛보게 해 주신 것이다. 그 날은 교도소와 형무소에서 하나님을 섬기는 거룩한 성도들이 천국에서 상을 받고 기쁨으로 주님을 찬양할 것이다. 아무 죄 없이 갇히고 모진 고문을 받다가 우리의 죄를 위해 십자가에 못박혀 돌아가신 예수님은 재소자의 마음을 누구보다도 잘 아신다. 죽음에서 다시 살아나심으로 우리에게 소망을 주신 주님과 함께하는 이 행렬에 이미 살아있는 많은 재소자들이 함께 하고 있다. 『최고의 성인들』 책이 바로 천국에 가기 전 이 땅에서 그들을 영적으로 또 마음으로 만나볼 수 있고 그 놀라운 이야기를 미리 들을 수 있는 기회를 제공할 것이다.

"주님, 이 시간에도 당신을 위해서 목숨을 바쳐서 하나님 나라를 위하여 일하고 있는 온 세상의 재소자들에게 끝까지 믿음을 지킬 수 있는 은총을 내려주소서. 특별히 믿음 때문에 핍박과 고난을 당하는 자들에게 주님의 능력의 손이 함께하소서. 그리하여 바울 사도의 신앙간증이 그들의 간증이 되게 하소서."

"전제와 같이 내가 벌써 부어지고 나의 떠날 시각이 가까웠도다. 나는 선한 싸움을 싸우고 나의 달려 갈 길을 마치고 믿음을 지켰으니 이제 후로는 나를 위하여 의의 면류관이 예비되었으므로 주 곧 의로우신 재판장이 그날에 내게 주실 것이며 내게만 아니라 주의 나타나심을 사모하는 모든 자에게도니라" (디모데후서 4:6~8).

2부:
최고의 성인들

"또 우리 형제들이 어린 양의 피와 자기들이 증언하는 말씀으로써 그를 이겼으니 그들은 죽기까지 자기들의 생명을 아끼지 아니하였도다" (요한 계시록 12:11).

그림: "최고의 성인들" — 버니

재소자들이 하나님을 위해서라면 무슨 일을 하든지 자신들의 재능을 최대한 발휘하기 때문에 이 작품의 제목을 『최고의 성인들』(Maximum Saints)이라고 부른다.

최고의 성인들의 작품

아담스 카운티 교도소는 남자가 1,100명과 여자가 200명이 수감되어 있다. 놀라운 것은 비록 험난한 삶을 살아온 범죄자들이라 할지라도 하나님께서 만지실 때 마약과 술, 그리고 폭력에 찌든 그들이 변화되기 시작한다는 것이다. 하나님의 거룩하고 인자한 손길로 인해 마귀의 노예가 되었던 영혼들이 자유함을 얻고 치유를 받으면서 살아계신 하나님을 증거하게 된 것이다. 그런 변화들을 나는 교도소에서 계속 목격하고 있다. 한없는 하나님의 은혜에 감사드린다.

그런데 목회를 하면서 가장 힘들었던 것은 많은 재소자들이 영적 성장에 관한 책을 원했지만 기증된 책들만으로는 턱없이 부족하다는 사실이다. 고민을 하다가 친구들을 모아서 기도하면서 2005년에 지인들의 도움으로 변화 프로젝트 (Transformation Project Prison Ministry)라는 비영리단체를 설립하여 『최고의 성인들』이라는 작품을 출간하기 시작했다. 재소자들의 신앙수기를 담은 책인데 하나님의 은혜로 영어와 스페인어로도 출간했을 뿐만 아니라 다큐멘터리 영화로도 제작해서 전국에 있는 교도소와 노숙자 보호소에 무료로 배포하고 있다.

이 책에서 나누는 재소자들의 간증들은 『최고의 성인들』이라는 작품 다섯 권에 수록된 것들을 성령님께서 인도하시는 대로 간추려서 쓴 것이다. 그들의 이야기는 나의 영적인 성장만을 도운 것뿐만이 아니라 책을 읽은 미국 전역의 사람들에게 감명을 주었고 하나님은 사랑이시며 치유하시는 분이라는 것을 확실히 알게 해 주었다.

사실 재소자들의 신앙간증은 얼마나 힘이 있는지 모른다. 특히 재소자들에게는 자신과 같은 어려운 과정을 걸어간 사람들이 하나님을 만나고 마침내 삶의 참 의미를 찾아 소망의 여정을 갈수 있게 되었기 때문이다. 전국의 교도소로부터 매주 쏟아져 들어오는 사람들의 편지는 이러한 신앙간증 책들이 얼마나 필요한지를 보여준다. 하나님의 사랑을 받고 예수님을 사랑하는 이들의 이야기가 다른 사람들을 변화시키고 감동을 준 것이다. 나는 그런 재소자들을 만나게 하시고 그들의 이야기를 책으로 쓰라고 인도하신 하나님의 은총에 감사한다.

1. 선교 여정 — 조나단

"찬양 인도해 줄 형제가 필요해요."
"조나단이 좋겠어요."

여러 사람의 추천을 받아서 만나본 조나단은 25세의 중범죄자 감방에 수감되어 있는 청년이었다. 살인혐의로 재판 준비중이라 찬양예배 인도는 했지만 예배나 하나님을 섬기는 일에는 집중할 상황은 아닌듯 보였다. 그러나 몇 달 후 B동으로 이송되어 성경공부를 인도하기 시작하자 그는 변하기 시작했고 안정감을 찾았다.

변화 프로젝트에서 두번째 『최고의 성인들』 다큐멘터리 영화를 준비하고 있을 때 조나단에게 작곡과 노래를 부탁했다. 그는 기꺼이 수락하고 프로젝트에 임했다. 그의 열정과 재능에 나는 깜짝 놀랐다.

"하나님이 어떻게 사용하실지 모르지만 계속해서 곡을 쓰고 있었어요."

그는 재판이 있기 얼마 전에 나를 만나보고 싶다며 면담을 요청했다.

"목사님, 질문이 있어요."
"아무 질문할 필요 없어요. 하나님이 인도하시는 대로 순종만 하세요."

그는 고개를 끄떡이며 동의했다. "네, 그럴께요. 사실 형을 적게 받으려면 불우한 환경에서 자라서 실수할 수 밖에 없었다고 주장해야 하는데 그러려면 가족들이 다 재판장에 소환 당해야 하거든요. 그게 마음에 걸렸어요."

"환경이 어떻든 자신의 행동에 대한 책임은 자신이 져야 정당한 것이라고 생각해요."

"맞아요. 하나님은 정직하게 사실대로 말하길 원하셨어요. 스스로 진실을 말하지 못한다면 내가 어떻게 다른 사람들에게 진실되게 살아가라고 가르칠 수가 있느냐는 것이지요."

그는 진실을 말하는 것은 엄청난 대가를 요구한다는 것을 깨달았지만 순종했고 유죄를 인정했다. 나는 가석방 없는 종신형을 선고받은 그를 방문했다.

예상과는 달리 얼굴에 미소를 머금은 그가 나를 반겼다. 성령님께서 그를 기쁨으로 가득 채워 주신 것이다. 조나단은 남은 여생을 교도소 안에서 주님을 위해 헌신하며 살 준비가 되었다고 말했다.

"목사님, 나의 룸메이트인 아담의 어머니로부터 편지를 받았어요. 그 편지를 읽으면서 내가 주님을 위해서 한일이 얼마나 의미가 있고 가치가 있는지 깨달았어요. 그런 편지 한장을 받기 위해서라면 하나님께서 무엇이든지 하라는 대로 할 수 있을 것 같아요."

형무소로 옮겨가기 전에 자원봉사자와 같이 다시 조나단을 방문했다. 그는 자기가 만든 곡을 불러주었는데 신앙의 고백을 담은 아름다운 노래였다. 삶의 슬픔과 고통을 뛰어넘어 하나님의 능력을 찬양하는 노래를 들으니 성령님의 임재하심이 느껴지고 감동스러워서 눈물이 흘렀다. 격려하러 갔다가 오히려 우리가 감동과 위로를 받고 돌아왔다. 그는 삶의 의미와 목적을 찾았다. 힘든 감옥의 삶이 어떻게 기쁨으로 변할 수 있는지를 알게 된 것이다.

"목사님, 오래 전에 내가 기도한 것이 갑자기 생각이 나네요. 선교사가 되게 해달라고 기도 했었거든요. 저는 형무소에서 마지막까지 주님을 위한 선교사가 될 거예요."

"그거 참 멋진 생각인데요. 아마 제일 쉬운 선교사일거에요. 선교자금을 후원 받기 위해 동분서주 하지 않아도 되니까." 우리는 함께 웃었다.

며칠 후 아담의 어머니 편지가 궁금해서 조나단에게 읽어 볼 수 있는지 물어보았다. 그 때 우편물을 관리하는 우체부가 박스에서 메일을 꺼내고 있었다. 조나단은 달려가서 자기 편지를 돌려받고 나에게 보여주었다.

"마침 우리 엄마한테 그 편지를 보내려고 부치는 중이었거든요."

이것이 아담의 어머니로부터 온 편지의 일부이다:

조나단에게,

안녕하세요? 나는 아담의 어머니입니다. 아담이 교도소에서 복음을 전해 들을 수 있도록 메신저를 보내달라고 하나님께 기도했는데 바로 당신이 그 기도의 응답임을 확신하고 또 감사합니다.

아담이 예수님에 대해 그토록 겸손하고 은혜 넘치게 이야기 하는 것을 처음 들어보았습니다. 그는 또한 당신이 얼마나 성령 충만한 사람인지 말해주었답니다. 잃어버린 양들에게 복음을 전하기 위해 은사로 주신 그 온화한 심령을 계속해서 사용하시기 바랍니다.

예수님이 머지않아 다시 오실 것을 믿습니다. 당신은 성경속의 바울을 생각나게 합니다. 바울 사도는 신약성경의 대부분을 썼지요. 주님의 음성에 계속 귀 기울이세요. 영혼 구원을 위해 힘쓰는 당신의 상급은 정말 클 것입니다. 당신을 위해서 기도하고 있어요.

앞으로도 계속 이렇게 연락을 하며 목사님의 설교도 보내드리고 싶어요. 그러니 꼭 답장을 해주고 연락 받을 수 있는 주소를 알려주세요. 주안에 있는 형제 자매들이 당신을 위해서 기도하고 있는 것을 기억하고 늘 담대 하십시오.

축복하며

아담의 어머니가

나는 이 편지를 읽으며 조나단을 파워풀하게 사용하시는 하나님께 눈물로 감사드렸다.

"목사님, 형무소에 돈을 벌 수 있는 직업 프로그램이 있다고 해요. 액수가 많지는 않겠지만 변화 프로젝트를 후원하기 위해 보낼 계획이에요."

이제 그는 예전의 조나단이 아니었다. 실제로 돈이 필요한 사람은 그였지만 그가 다른 사람을 먼저 생각하는 것에 감명을 받았다.

얼마 전 조나단이 나에게 카옐을 소개하며 주님을 영접했다고 했다. 그래서 예배시간에 세례 받았던 그가 간증을 했다.

"나는 조나단이 종신형을 선도 받았을 때 얼마나 고요하고 평온했는지 옆에서 지켜보면서 정말 놀랐습니다. 그의 간증을 듣고 나는 조폭의 삶 대신 예수님을 믿고 따르기로 결심했습니다. B 동에서 목사님께 세례 받은 것 기억나세요?"

조나단은 떠나기 전 자기 어머니로부터 받은 성경을 카옐에게 주었고 그는 조나단 이름이 적힌 성경을 자랑스럽게 열어 보였다. 나는 조나단의 놀라운 변화를 세상에 알리고 싶었다. 마침 글을 잘 쓰는 자원봉사자에게 조나단 스토리를 신문사에 써서 보내라고 했다. 어느 날 신문사 기자에게 한 통의 전화가 걸려왔다.

"종교가 과연 재소자에게 영향을 미치는가 라는 내용으로 기사를 준비중인데 조나단의 이야기를 읽었습니다. 실제로 재소자들이 회심을 하고 정말 변화되고 있습니까?"

"그럼요. 나는 하나님을 믿고 변화된 재소자를 많이 보았습니다."

"기독교가 정말로 재소자들을 변화시킬 수 있다고 생각하십니까?"

"네, 물론이지요. 기독교 신앙은 하나님과 이웃 사랑을 가르칩니다. 그리고 삶의 올바른 가치관과 방향을 제시해 주므로 긍정적인 영향을 주지요. 예수 그리스도를 통해서 삶의 변화가 생깁니다. 나는 다른 종교에서 볼 수 없는 변화의 삶을 많이 보았습니다. 조나단이 그 한 예입니다."

기자는 종교로 인한 재소자들의 변화에 대해서 기사를 쓰기 위해 여러 형무소를 방문하고 인터뷰할 계획이라고 했다. 우리 교도소에도 와서 몇몇 재소자를 인터뷰했고 이미 형무소로 옮겨졌던 조나단도 인터뷰해서 그의 기사가 크게 나왔다. 후에 조나단이 감금돼 있는 곳에서 일하시는 목사님을 만났는데 조나단이 얼마나 하나님을 열심히 섬기고 있는가에 감명을 받았다고 말씀하셨다.

2. 기도

F 동 예배를 준비하기 위해 초청강사와 아래층으로 내려가는데 엘리베이터 앞에서 욕설이 난무하는 언쟁이 일어났다. 눈 깜짝할 사이에 벌어진 일이고 그런 일이 처음이라 어떻게 해야 좋을지 몰랐다. 발을 동동거리는데 통제소에서 F

동의 교도관을 불렀다. 그런데 그 사이에 상상도 하지 못할 일이 벌어졌다. 엘리베이터 앞에서 모든 재소자들이 손을 잡고 큰 원을 만들어 주기도문을 시작한 것이다. 하나님의 강력한 임재를 느낄 수 있었다. 기도 중간에 F 동에서 교도관이 왔다. 기도가 끝나자 고요했다. 예배 드리러 갈 준비가 된 것 같았다. 나는 교도관에게 예배 중 문제가 생기면 연락하겠다고 했다. 예배는 조용히 잘 끝났다.

다음날 욕하며 소리 질렀던 재소자를 찾아갔다. 나는 그의 행동에 대해 실망했으며 폭언과 폭력은 부정적인 파급효과를 야기한다고 말했다. 그는 나의 말에 동의하고 미안하다며 앞으로 다시는 이런 일이 없도록 하겠다고 말했다.

그 후에 손잡고 기도할 것을 제안했던 로이드를 찾아가서 감사의 뜻을 전하고 그 과정을 설교로 준비해 달라고 부탁했다. 그 다음 주 예배 시간에 소리를 질렀던 남자는 싸웠던 사람과 그룹 모두에게 사과를 했고 로이드는 평화롭게 기도를 통해 분쟁을 해결한 것에 대한 간증을 했다. 여기 그가 전한 메세지다.

"기도의 힘" — 로이드 핸더슨

2006년 7월 1일 예배드리기 위해 목사님과 초청강사 그리고 참석할 재소자들이 모여들고 있었다. 출입구 쪽으로 나와 복도 아래로 내려가면서 두 사람이 싸우는 것을 보게 되었다. 예배 전에 그런 일은 처음이었다.

두 남자가 서로 욕설을 퍼붓고 끓는 물처럼 분노하기 시작했다. '사랑과 평안, 서로를 향한 친절함은 어디에 있는가?' 내 자신에게 물어보았다.

다툼은 계속 되었고 엘리베이터를 기다리는 동안 주님의 능력이 우리로 하여금 기도의 원을 만들게 하였다. 우리는 마태복음 6:9~13절의 주기도문을 외치기 시작했다.

하지만 여전히 마귀가 그 중심에서 우리를 유혹하고 영혼을 파괴시키려 한다는 것을 알았으나 결코 마귀가 승리하지 못할 것이라는 확신이 있었다. 우리는 자리를 옮겨 예배를 드렸다.

"내가 어렸을 때에는 말하는 것이 어린 아이와 같고 깨닫는 것이 어린 아이와 같고 생각하는 것이 어린 아이와 같다가 장성한 사람이 되어서는 어린 아이의 일을 버렸노라" (고린도전서 13:11). 잠깐 멈춰서 생각해 보라. 인생은 너무 짧다. 다른 사람에게 반응하기 전에 한번 더 생각해본다면 어리석은 결과를 막을 수 있다. 이제 오직 한 가지를 증명해야 한다. 너의 선한 양심을 보여라. 이것이 주님이 당신을 보는 모습이다. 당신은 하나님으로부터 믿음과 소망 그리고 사랑의 선물을 받았다.

3. 위대한 설교자 — 찰스 프레드릭

찰스의 설교는 내가 들어본 최고의 설교 중 하나이다. 하나님은 사역 초기부터 내게 리더를 양성하라고 명하셨고 나는 예배시간에 재소자들에게 간증이나 설교의 기회를 주었다. 찰스는 자원하여 설교를 준비했고 은혜 넘치는 설교를 했다. 나의 선교사 친구도 찰스의 설교를 듣더니 감명을 받고 하나님이 주신 은사와 재능을 잘 사용하라고 격려했다. 한 번은 룸메이트 앞에서 아무 생각없이 저속한 단어를 사용했는데 그 날 밤 주님께서 찰스에게 말씀하셨다고 한다. "룸메이트에게 복음을 전해라." 말을 함부로 했던 것이 걸려서 망설이고 있는데 하나님의 명령이므로 순종했다.

"하나님에 대해서 이야기 해 줄 사람을 보내 달라고 기도했어요. 하나님은 당신을 통해서 응답하셨습니다. 감사합니다."

룸메이트는 진심으로 기뻐했다. 하나님은 어떤 상황에서도 우리를 사용하실 수 있음을 자신의 경험을 통해 알게 되었다고 한다.

찰스가 중간 보안 단계에 있었을 때 항상 설교를 했었는데 갑자기 그가 최고 보안을 요구하는 옆방으로 이동되었다. 나는 찰스가 그 주에 중간 보안단계에 있는 사람들을 위해서 열심히 설교를 준비한 걸 알고 있었다. 그러나 중간 보안 단계에 있는 사람들과 최고 보안을 요구하는 사람들이 같이 예배를 보지 못한다는 규칙이 있었다. 그래서 그가 중간 보안 단계에 있는 사람들에게 설교하게 하려고 그 교도소에서 특별허락을 받았고 그는 설교 할 수 있었다.

찰스의 리더쉽은 놀라웠다. 그가 최고 보안을 요구하는 B동 3호실에 수감되기 전에는 아무도 예배에 참석한 사람이 없었다. 그는 그 곳에 들어가자마자 성경공부를 시작했고 많은 사람들이 예배에 참석하기 시작했다.

그의 설교와 이야기는 책에 실리고 사람들에게 큰 영향을 끼쳤다. 형기가 결정된 후 기간과 상관없이 자기의 삶의 목표는 주님을 섬기는 일이라고 말했다. 얼마 후 그는 형무소로 이송 되었다. 그는 자기의 영적인 성장을 도와주어서 감사하다는 편지를 멋있게 써서 보내주었다. 후에 누군가 내게 물었다.

"목사님은 이곳에서 예수님을 만나고 변화한 사람들이 형무소로 이동한 후에도 주님을 섬기며 계속해서 변화된 삶을 살고 있다고 생각합니까?"

"네, 그렇습니다. 주님 섬기는 기쁨을 찾은 사람들은 계속 주님을 섬기게 되어 있습니다."

그 한 예가 찰스인 것이다. 2011년 웨이몬 보스톤은 찰스와의 만남에 대해 다음과 같이 언급했다.

"멘토" — 웨이몬의 간증

콜로라도 왈슨버그 형무소로 이송되었을 때 신앙이 있는 재소자들만 기거 할 수 있는 방에서 『최고의 성인들은 절대 숨지 않는다』라는 책에 간증을 쓴 찰스 프레드릭을 만났다. 그는 사랑으로 나를 인도했고 나 같은 죄인에게도 희망이 있다고 말해주었다. 그 후 세례를 받았고 일 년 내내 밤낮으로 성경 말씀을 공부했다.

웨이몬은 출감 후 사역하기로 결정했다는 사실을 여러 번 설교시간에 말했고 그의 설교는 많은 사람들의 변화를 도왔다. 하루는 강력한 성령님의 임재하심이 그의 설교시간에 느껴졌다. 아마도 그 날 설교를 들은 사람들의 반응을 찰스가 들었다면 정말 기뻐했을 것이다. 자신의 노력이 얼마나 아름다운 열매를 맺고 있는지 확인할 좋은 기회였기 때문이다.

하나님을 사랑하고 섬기는 기쁨을 맛보게 될 때 우리는 삶의 의미와 목적을 찾는다. 그 기쁨과 비교할 것은 아무 것도 없다는 것을 찰스와 웨이몬은 알게 된 것이다.

4. 놀라운 간증

"데오도어 산체스는 내가 사역하라고 부른 아들이다. 그에게 설교할 기회를 주어라."

하나님께 순종하고 그에게 설교기회를 주었더니 놀라운 간증을 했다. 하나님은 산체스가 혼자만 간직하고 있던 간증을 세상에 알리기를 원하셨다고 믿는다.

"뉴 멕시코 형무소" — 데오도어 산체스

교도소를 수없이 들락거리다가 나는 다시 감옥에 들어가면서 하나님을 위해 살기로 다짐하고 모두에게 내가 기독교인임을 밝혔다. 하나님의 사랑으로 모든 사람들을 존경하는 마음으로 대했는데 그 중에는 갱단에 속한 사람들도 있었다. 교도소에서는 내가 갱에 속해 있진 않았지만 갱들하고 말하는 것을 보고 내가 조폭 멤버라고 오해했다. 결국 나는 뉴 멕시코의 라스쿠르소로 보내졌다. 이곳은 악명 높은 뉴 멕시코 갱단이 장악하고 있는 무시무시한 감옥이었다. 하루 24시간 독방에 감금되어 있었고 샤워를 할 때는 두세 명의 교도관이 수갑을 채워서 마치 개처럼 샤워실로 데려갔다. 감옥 안의 갱단 멤버들은 내가 같은 단원이 아니라는 이유로 나를 괴롭히기 위해 하루 종일 고함치며 내가 자지 못하도록 벽을 교대로 두드렸다.

두 달이 지난 후 그들의 광기어린 소리를 들으며 누워있는데 갑자기 바닥을 두드리는 소리가 났다. 주의 깊게 들어보니 거친 스페인어 악센트를 가진 사람이 말을 걸어왔다. 환청인가 의심도 했지만 내 아래층에 있는 사람이란 걸 알게 되었다. 내 이름을 물었고 자신은 데이빗이라고 소개한 그는 좀 잠잠해지면 서로 알아가면서 이야기를 해보면 어떻겠냐고 물었다. 혹시 나의 정보를 얻기 위한 속임수일 수도 있기 때문에 조심스러웠다.

그러나 계속 대화를 하고 시간이 지나면서 마음의 문이 열렸다. 그는 마약 중개인을 살해한 혐의로 종신형을 선고받았으나 기독교인이 되어 20년 넘게 복역 중이며 조폭 멤버가 아니라고 말했다. 데이빗은 내게 성경을 가르쳐 주었다. 한 장을 먼저 읽고 난 후에 설명을 해 주어서 쉽게 이해할 수 있었다. 그리고 게임을 통해 매일 주요 구절을 암기를 할 수 있도록 격려했다.

"하나님이 세상을 이처럼 사랑하사 독생자를 주셨으니 이는 그를 믿는 자마다 멸망하지 않고 영생을 얻게 하려 하심이라" (요한 복음 3:16)가 한 암송구절이었다.

데이빗은 컨닝하지 말라고 했다. 놀랍게도 그는 내가 얼마나 빨리 그 구절을 대답하는지, 얼마나 오래 걸리는지, 아니면 내가 표현하는 방법이 어떤지에 따라 그 사실을 알아냈다.

어느날 데이빗이 내 이름을 부르며 말했다,

"데오, 혹시 너도 편견 같은 거 가지고 있어?"

"어떤 것에 대해서?"

"예를 들면 흑인에 대해서는?"

"난 누구와도 괜찮아. 왜?"

"그냥 물어본 거야."

나는 혼자, '참 별일이네'하고 생각했지만 이내 잊어 버렸다. 어느 날 데이빗이 소리 지르며 환호성을 질렀다.

"데오, 짐을 싸. 이제 네가 떠나야 할 때가 됐어. 하지만 떠나기 전에 직접 얼굴 보면서 송별회 선물을 주고 싶어."

나는 이제야 1년 동안 배출구 대화상대를 만날 수 있구나 하는 생각에 서둘러 짐을 싸고 아래층으로 내려갔다. 그곳에서 내가 태어나서 본 사람 중 가장 크고 검은 피부를 가진 남자를 보았다. 거친 스페인 억양으로 오랫동안 하나님에 대해서 가르쳐 준 사람이 흑인이었다니... 깜짝 놀랐다.

"내 이름은 데이빗 월틀리야."

우리 두 사람은 악수를 나누며 감격의 눈물을 흘렸다. 그는 나에게 작별 선물로 성경을 선물했다. 그 성경은 20년 이상을 죽음과 같은 형무소에서 보낸 데이빗이 사용했던 것이었다. 나는 아직까지도 그의 성경책을 소중하게 간직하고 있다.

5. 벽에 머리 박는 여자

시간이 있을 때마다 나는 여자 재소자 방에서 기도모임을 갖는다. 기도 후에 시간적 여유가 있으면 개인적으로나 혹은 그룹으로 상담을 하는데 상당히 유익한 시간이다. 감방의 리더를 파악할 수도 있고 또 그 안에서 문제가 생길 때마다 기도로 해결한 경우도 여러 번 있었기 때문이다.

어느 날 교도관이 제인이라는 여인과 상담해 줄 것을 부탁했다. 계속 벽에 머리를 찧으며 우는 바람에 교도관이 나에게 상담을 의뢰한 것이다.

"목사님, 정말 두려워요. 교도소에 처음 오게 되었고 이곳 사람들이 나를 해칠까봐 너무 무서워요."

제인은 그 말을 하면서 흐느끼고 있었다. 그 방에는 영적인 리더들이 있었지만 그것을 미처 알지 못한 그녀는 그저 두려움에 떨고 있었던 것이다.

"그 방에는 좋은 사람들이 많이 있어요. 내가 방에 들어가서 인도하는 기도모임에 참석해봐요." 리더들과 함께 기도회를 가진 후 제인과 다시 만나서 어떤지 물어보았다.

"모임에 좋은 사람들이 많아요. 내 머리도 손질해 주었어요."

벽에 머리를 박는 대신 그녀는 주님 안에서 영적인 성장에 집중하게 되었고 안정된 마음으로 지내게 되었다.

6. 베트남 성경 책

어느 날 교도관으로부터 재소자들의 싸움을 멈추게 한 베트남 남자에 대해 듣게 되었다. 몇몇 재소자들이 막 싸움을 시작하려고 할 때 이 남자가 재빠르게 그 중앙에 들어가 두 손으로 막는 바람에 싸움이 일어나지 않았다는 것이다.

이 놀라운 순발력의 남자는 영어를 잘 못했지만 꾸준히

예배에 참석했다. 영어책을 못 읽어서 베트남 성경책이 필요하다고 해서 수소문 끝에 한 베트남 교회와 연결이 되었다. 그리고 성경책을 보내주겠다는 약속을 받은 지 한 달이 지났지만 성경책은 도착하지 않았다.

하루는 오찬약속을 위해 콜라라도 스프링스로 가는 도중에 오늘은 꼭 베트남 성경책을 구해야 한다는 하나님의 음성을 들었다. 나는 즉시 친구에게 전화를 걸어 온라인으로 베트남 성경을 파는 서점을 알아봐달라고 부탁했다.

그런데 점심식사가 끝난 후에도 친구로부터 어떤 연락도 없었다. 생각 끝에 베트남 식당에 전화를 걸어 물어보니 서점 주소를 알려 주었다. 찾아가보니 서점이 아닌 큰 교회였는데 밖에서 사람들이 일하고 있었다.

"저는 아담스 카운티 교도소에서 일하는 목사입니다. 베트남 성경을 어디서 구할 수 있을까요?"

"교회 구내 서점에 가서 하나 가져가세요. 돈은 안내셔도 됩니다." 젊은 목사님이 말씀하셨다.

반가운 마음에 서점으로 가보니 젊은 여자 두 명이 있었다. 성경에 대해 물어보니 성경도 없을 뿐더러 베트남으로 주문해도 배송하는 시간과 비용이 너무 비싸서 주문도 받을 수 없다는 어처구니 없는 답변을 들었다. 주문할 의지가 전혀 없는 사람들이었다. 반드시 오늘 해결해야 하는데 실망스럽고 막막했다.

나는 다시 목사님을 찾아 갔다. 그리고 서점에서 있었던 일을 전했더니 나를 자신의 사무실로 데려갔다.

"이것을 재소자에게 가져다 주세요."

목사님은 내게 조그만 성경책을 내미셨고 나는 "신약만 가지고는 안돼요. 구약과 신약이 있는 것을 주세요."

다른 방으로 들어가더니 목사님은 큰 성경을 가지고 나왔다. 나는 그것을 받아 들고 너무 기뻐서 "얼마지요?"하고 물었다.

"아닙니다. 재소자에게 갖다 주세요."

"정말요? 감사합니다. 교도소에 한 번 오시면 어떨까요? 그 재소자도 만나서 격려해주시고 베트남어 기독교서적들도 기부하시면 전달해 드릴께요."

가벼운 발걸음으로 차에 올라타서 성경책을 보니 50불이 넘는 가격표가 붙어 있었다. 얼마 후 성경책을 받은 그 재소자의 얼굴은 환히 빛나고 행복해 보였다.

7. 위로

목사의 임무 중 가장 힘든 것은, 재소자 가족이 죽거나 심한 중병이 들었을 때 그 소식을 재소자들에게 전하는 일이다. 어느 날 신디에게 갑작스런 남편의 부고를 전했다. 신디는 복도를 걷는 내내 울부짖었다.

"믿을 수 없어요. 며칠 전에도 통화 했는데...메리를 불러주세요."

그녀는 메리라는 여자 재소자로부터 위로 받기를 원했다. 잠시 후 왜 그녀를 찾았는지 알 수 있었다. 메리는 부드럽고 온화한 목소리로 그녀를 위로했다. 그녀에게는 충격을 받고 아픈 상황에 있는 친구를 도울 수 있는 은사가 있는 듯 했다. 어떤 때는 목회자보다도 같은 재소자들끼리 서로 공감하고 어려울 때 돕는 경우가 있음을 잘 알고 있었기에 감사했다.

8. 크리스마스

이것은 2004년 크리스마스 직전에 일어난 일이다. 먼저 출감한 어떤 사람이 함께 수감되어서 남아있던 다른 열 명에게 10불씩 보냈다. 10불이란 돈은 누군가에게는 푼돈이

겠지만 아무것도 없는 사람에겐 큰 돈이다. 한 사람의 선행이 여러 명에게 잊지 못할 크리스마스 추억을 선물한 것이다. 또하나 F 동에서 들은 카를로스의 크리스마스 이야기도 감동적이었다.

"도넛" ― 카를로스 탄구마

여섯 개의 감방을 거쳐 오는 동안 F 1300만큼 궁핍한 사람들이 모여 있는 곳을 본적이 없었다. 그런데 한 사람의 선행으로 인해 진정한 크리스마스 정신, 즉 예수님의 사랑을 맛볼 수 있었다.

돈이 없어 아무것도 살 수 없는 이들을 위해 선물을 준비한 이의 얼굴은 나누는 기쁨으로 빛났고, 받는 이들의 얼굴은 설레임으로 가득했다. 비밀의 산타 선물을 뜯는 시간이 돌아왔다. 나는 도넛을 받았는데 그것은 우리의 마음속에 있는 전 세계를 향한 하나님의 사랑과 은혜 그리고 자비를 상징한다고 믿는다.

또 스포츠머리로 말끔하게 면도한 남자 재소자는 머리빗과 샤워 캡 선물을 받았다. 모두들 엉뚱하지만 재밌는 선물로 인해 웃음꽃을 피웠다. F 1300에서의 크리스마스는 평생 잊지 못할 것이다.

"내가 주릴 때에 너희가 먹을 것을 주었고 목마를 때에 마시게 하였고 나그네 되었을 때에 영접하였고 헐벗었을 때에 옷을 입혔고 병들었을 때에 돌보았고 옥에 갇혔을 때에 와서 보았느니라 이에 의인들이 대답하여 이르되 주여 우리가 어느 때에 주께서 주리신 것을 보고 음식을 대접하였으며 목마르신 것을 보고 마시게 하였나이까 어느 때에 나그네 되신 것을 보고 영접하였으며 헐벗으신 것을 보고 옷 입혔나이까 어느 때에 병드신 것이나 옥에 갇히신 것을 보고 가서 뵈었나이까 하리니 임금이 대답하여 이르시되 내가 진실로 너희에게 이르노니 너희가 여기 내 형제 중에 지극히 작은 자 하나에게 한 것이 곧 내게 한 것이니라 하시고"(마태복음 25:35~40).

크리스마스 선물의 기적은 천국이 어떤 곳인지 잠시나마 맛보게 해주었다. 도넛을 받고 나서 한 시간 후에 누군가 보내준 돈을 받기도 했지만 그 소중한 도넛과는 비교도 할 수 없었다. 세상 그 어떤 보석보다도 귀하고 빛나는 도넛이었다.

9. 주는 기쁨

다음 이야기는 재소자들의 책 편집자이며 예배준비를 도와주었던 마이클 오코너의 이야기이다.

"최고의 선물" — 마이클 오코너

12월 23일 금요일. 언제나 그렇듯이 감동적인 예배 후 성령충만한 마음으로 감방에 돌아오니 교도관들이 우편을 나눠주고 있었다. 내 앞으로 온 두 통의 크리스마스카드를 받아 들었는데 감방의 동료들의 표정이 슬퍼 보였다.

"오코너는 또 편지를 받았는데 나는 늘 아무것도 받지 못하는구나."

이런 동료들의 마음이 전해져 오자 기분이 좋지 않았다. 나는 하나님께 우리 모두의 기분을 바꾸어 주시도록 기도했다. 다음 날 크리스마스이브 예배 후에 교도소에서 주는 선물들을 받았다. 그 중에는 구세군에서 준 공책도 있었다. 하나님은 내가 할 일을 알려주셨다. 구세군 종이를 꺼내서 17장의 종이에 17개의 십자가를 그린 후에 그 밑에 성경구절을 적고 다음과 같은 내용을 적었다.

"크리스마스의 가장 중요한 부분은 '예수님'이라는 세

글자입니다. 즐거운 성탄을 맞으십시오. 오코너."

그리고는 선물로 받은 사탕과 함께 접어서 받을 사람들의 이름을 적은 후 내가 내 아이들한테 했던 것처럼 그들의 산타가 되어 선물들을 새벽 5시 30분에 재소자들의 감방 문 밑으로 밀어 넣었다. 다음 날 점심시간이 되도록 방에서 책을 읽는데 한 사람씩 와서 인사를 했다. 그 날 내내 나는 감사인사를 받았다. 한 젊은 청년은 내 아들의 나이 또래 같아 보였다.

"고맙습니다, 오코너씨. 올해 내가 받은 최고의 선물이에요."

나는 눈물이 쏟아지는 것을 감추기 위해서 내 방으로 달려갔다. 감동으로 인해 눈물이 그치지 않았다.

"오, 하나님 감사합니다. 도대체 카드 한 통이 무엇이길래 이들이 이토록 고마워하고 저는 이런 감사의 말을 듣는 건가요? 그런 마음을 제게 주셔서 정말 감사합니다." 이곳에서 남은 시간을 최대한 하나님을 위해 쓴다면 출소하는 그날까지 동행하실 것을 확신한다.

10. 교도소 목사: 리처드 스미클

내가 처음 리처드를 만났을 때 그는 중범죄자 방에 있었고 법정 판결에 대해 힘들어 하고 있었다. 천천히 나는 그의 변화를 보았고 그는 재소자들 사이에서 리더로서 빛났다.

그러나 처음에 리차드를 보면 다른 사람들은 그의 온몸에 새겨진 문신 때문에 가까이 갈 수 없는 갱단에 속한 사람으로 생각할 수 있다. 사실 그는 하나님을 만나기 전에는 백인을 제외한 모든 유색인들을 무시하고 폭행하는 갱단에 속해 있었다.

비록 주님 안에서 변화된 사람들일지라도 얼굴과 몸의

문신 때문에 다른 사람들 눈에는 이상하고 좋지 않게 보일 수 있다. 그럴지라도 예수님을 사랑하는 마음으로 가득 차게되면 온화하고 사랑스러운 마음이 그 얼굴에도 나타나게 된다. 리차드가 그런 사람 중의 한 사람이었다.

리차드가 변화된 후에는 그는 모든 사람을 사랑하는 사람이 되었다. 같은 방에 여러 사람들이 모여 있었는데 갱들이 리차드에게 백인이 아닌 다른 유색인들에게는 성경공부를 가르치지 말라고 협박을 했고 그를 해치려고 무기까지 만들었다. 그들의 말에 아랑곳하지 않고 리차드는 계속 모든 사람들에게 성경공부를 인도하며 하나님 일을 했다.

하루는 갱들이 흑인들과 싸움을 하려고 계획을 세우며 리차드에게 같이 싸울 것을 요구했다. 그는 이렇게 말했다. "나는 하나님과 다른 것을 똑같이 섬길 수 없어. 마귀와 하나님을 같이 섬길 수 없어. 마귀는 사람들을 미워하는 거야. 나는 마귀의 일을 미워해. 그래서 나는 다른 사람들을 해칠 수 없어."

갱단 중에 두 명이 그를 옹호하며 "리차드가 원하지 않는다면 우리가 그를 강요할 필요가 없다고 생각해" 라고 말했다. 그래서 리차드는 싸움이 일어났을 때 자기 방에서 슬퍼하며 그들을 위해서 하나님의 사랑을 배우게 해달라고 기도를 했다고 한다. 그뒤에 리차드를 해코지 하려고 기회를 노리던 사람들이 다른 방으로 옮겨지게 되었고 그는 안전하게 되었다.

리차드는 리더십이 있는 사람이었다. 그 당시 중범죄자들은 오직 '분노 억제' 클래스만 참석하게 되어 있었다. 개인적인 종교상담을 목사를 통해서 받을 수 있지만 예배나 성경공부는 그들에게 제공되지 않았다. 내가 교도소 행정부에 중범죄자들도 예배가 필요하다고 건의했지만 허가를 받지 못했다. 언젠가 중범죄자 중에서 그것에 대해 항소하는 사람이 생겨서 예배를 드릴 수 있기를 바랐는데 마침 리차드를 만난 것이다.

"목사님, 중범죄자는 왜 예배를 볼 수 없나요? 우리도 하나님께 예배 드리는 것이 필요합니다."

"나도 그 점에 대해 안타까워하고 있었어요. 그런데 그 문제에 대한 최종 결정권이 내게 없으니 프로그램 관리자인 풀러씨에게 편지를 써보세요. 편지를 보내기 전 내가 읽어 보면 좋겠어요."

그는 우리 모든 사람들은 죄인이고 용서가 필요하며 이제는 중범죄자들도 용서를 받아서 하나님을 예배드릴 수 있는 기회를 주기를 원한다는 내용의 편지를 써왔다.

"아주 잘 썼어요. 이 편지를 풀러씨에게 보내고 면담을 요청해서 중범자들이 왜 예배를 드려야 하는지를 설명하세요."

놀랍게도 풀러씨는 리처드와 면담 후 오직 교도소 목사들만이 예배를 인도한다는 전제로 행정부에 허락을 구하는 서류를 신청해 주었다. 정식허가가 나올 때까지 기다리는 중 풀러씨를 만났다.

"리차드를 잘 지도했네요."

"너무 오랫동안 그들이 예배가 필요하다는 말을 들었어요. 중범죄자들도 예배 드리는 시간이 절대적으로 필요해요."

리차드는 나에게 다른 재소자들에게 이 문제에 관해 함께 기도할 것을 부탁해 달라고 말했다. 많은 사람들이 기도하는 가운데 내 맘에는 과연 예배를 드릴 날이 올 수 있을까 하는 의문이 들었다. 그러나 오히려 리차드가 나보다 더 큰 믿음을 갖고 있었다. 어느 날 그는 예배를 드리는 접견실을 가리키며 말했다.

"목사님, 다음 달부터 중범죄자들이 접견실에서 하나님

을 예배할 거에요."

마침내 교도소에서 중범죄자들의 예배를 허락해 주었을 때, 나는 정말 벅찬 감동으로 리차드를 방문했다.

"리처드, 당신은 목사들이 할 수 없는 일을 해냈어요. 정말 대단해요. 감사합니다."

『최고의 성인들은 절대 숨지 않는다』 책이 출판 되었을 때 리차드에게 자신의 간증부분을 예배시간에 읽어달라고 부탁했다. 읽고 있는 내내 그는 흐느끼고 있었다. 그의 간증은 눈물, 아픔, 고통과 믿음의 이야기였다.

리차드의 설교는 감동적이고 성령께서 역사하셔서 많은 이들의 마음을 움직였다.

"목사님, 저는 목사님을 따라다니면서 이 교도소에 있는 모든 예배에서 말씀을 전하고 싶어요."

"비전이 크네요. 말씀을 전하고자 하는 마음은 하나님이 주신 거예요. 우리 교도소에서는 중범죄자들이 다른 재소자들과 있는 것을 허락하지 않아서 당장은 불가능하지만 반드시 하나님이 당신을 위해 문을 열어 주실 거예요."

어느 날 다른 감방의 재소자가 내게 말했다. "많은 사람들이 리차드를 길거리에서부터 알았죠. 더 이상 그때의 리차드가 아니에요. 그는 완전히 변했어요. 그가 성경을 가지고 다니는 것을 보는 것과 하나님에 관해 이야기 하는 것을 들으면 정말 큰 위로를 받습니다."

리차드가 말했다, "목사님, 저는 목사님처럼 되고 싶어요."

"어떤 면에서요?"

"교도소 목사가 되고 싶어요. 어떤 훈련도 받지 않았지만, 하나님은 내가 재소자로써가 아니라 사역자로 섬길 것이라고 말씀하셨어요."

"하나님의 눈으로 볼 때 당신은 이미 목사입니다. 나보다 더 많은 재소자들을 돕고 있어요."
　사역자가 되길 원한다고 말하는 몇몇 사람을 만났지만 리차드는 내가 만났던 그 누구보다 진심이었다. 그는 직책만 없었을 뿐 24시간 재소자들을 돕고 있었다. 리차드가 교도소를 떠나기 전에 자신이 쓴 글 196 페이지를 주었다.
　"목사님이 쓴 『예수님과 걷는 길』이라는 책을 읽고 은혜 받아서 저도 다른 사람들을 도와 주려고 간증문을 써봤습니다. 제 책도 언젠가는 출판이 되었으면 좋겠어요."
　변화 프로젝트에서는 여러 재소자들의 이야기를 엮어서 책을 내므로 그의 책만 출판할 수가 없다. 그러나 내가 『최고의 성인들은 용서한다』라는 작품을 집필하는 동안 하나님이 리차드의 이야기를 책에 넣으라고 말씀하셔서 그가 건네준 간증문에서 일부를 발췌했다. 그의 이야기는 인생의 아픔과 고통 속에서 삶의 방향전환이 필요한 사람들에게 희망을 주는 등대와도 같았다.
　그의 엄마는 알콜 중독자로 자신의 아이들에게 수없이 폭행을 가했다고 한다. 엄마의 남자친구는 리차드의 엄마를 폭행했다. 어린 리차드가 엄마를 때리지 못하게 말리니까 리차드에게까지 폭행을 가하고는 한 구석에 앉혀놓고 엄마를 때리는 것을 구경하게 한때도 있었다.
　끝내는 리차드의 동생이 엄마의 남자친구를 죽이는 끔찍한 일이 벌어졌다. 그뒤 리차드는 아버지를 찾아갔다. 그러나 아버지는 아들과 같이 마약을 하다가 끝내는 자기 아들을 버렸다. 그때부터 리차드는 노숙자가 되어 마약을 팔며 마약하는 삶을 살았다.
　그런 가정에서 자란 리차드가 하나님을 만난 후에 다른 사람들의 영혼 구원을 위해서 자기에게 협박이 와도 무서워하지 않는 용기있는 설교자가 되었다. 리차드는 항상 웃는 얼굴로 "하나님의 기적의 역사를 너무 많이 보았어요"

라고 말했다. 놀라우신 하나님의 은혜이고 성령의 역사이다.

11. 소망

제이슨의 아내 마라 로즈는 약물 과다 복용으로 숨졌다. 나는 20대 초반의 젊은 남자를 어떻게 위로해야 할지 몰랐다. 그의 슬픔을 생각할 때마다 마음이 너무 무거웠다.

몇 달이 지나고 그를 다시 만난 곳은 교도소 안에 있는 병실에서였다. 나를 보기 원한다고 해서 갔는데 그 자리에 예전의 상심한 그가 아닌, 미소짓는 제이슨이 있었다.

"목사님, 저 기억하시죠?"

"물론 기억하죠."

그는 책상 위에 『최고의 성인들은 절대로 숨지 않는다』라는 책을 놓으며 말했다.

"이 책이 나의 삶을 바꿨습니다."

갑작스런 그의 말에 얼굴만 바라보았다.

"나는 마라가 죽은 후에 그녀가 지옥에 갔으면 어쩌나하는 생각에 정말 괴롭고 힘들었어요. 그런데 이 책을 통해 그녀가 이 교도소에서 복역했을 때 로즈매라는 여자를 통해 구원받았다는 걸 알게 되었습니다. 언젠가 그녀를 천국에서 다시 볼 수 있다는 희망을 갖게 되니 이제는 더 이상 슬퍼하지 않고 하나님만 섬기기로 했어요." 제이슨은 기쁨으로 가득 찬 얼굴로 말했다.

그는 자작시를 몇 편 보여줬는데 그 시를 통해 그가 갖고 있는 소망을 알 수 있었다. 실로 놀라운 일이었다. 많은 사람들이 이 책을 위해 정말 열심히 일했고 후원을 했다. 그 모든 노력이 제이슨 한 사람만을 위해서였다고 해도 이 책은 그의 역할을 다했다고 생각되어 하나님께 감사드렸다.

마라에게 복음을 전했던 로즈매와, 제이슨의 멘토가 되어 도왔던 마이클을 기억한다. 로즈매와 마이클은 그들의 방에서 성경공부를 인도하는 강력한 리더들이었다. 이것은 마이클의 이야기이다.

"나의 간증" — 마이클 콜린스

나는 1974년 8월 22일 캔사스 주 포트 스캇의 작은 시골마을에서 태어났다. 7살 때 나의 아버지는 살해되었고 남편을 잃은 슬픔에 어머니는 끔찍한 비극의 기억과 공포에서 탈출하기 위해 콜로라도 주로 도망가셨다.

아버지의 죽음은 나에게 큰 영향을 미쳤다. 아버지같이 나를 멘토할 수 있는 사람들을 찾고 싶다는 생각으로 11살이 되었을 때 조폭에 가담하고 마약을 사용하기 시작하면서 교도소를 들락거리기 시작했다. 14살이 되었을 때, 범죄조직과 일한 전과 때문에 콜로라도 주 교정부 최연소 재소자가 되었다.

16살때 형무소 안에서 바깥세상의 또래 친구들은 무엇을 하고 있을까 궁금해 하며 창 밖을 보면서 울던 것이 기억난다. 캐넌시의 수천명 중에서 가장 어린 재소자로써 매일 매일 생존하기 위해 투쟁했다. 이 형무소 창틀 뒤에서 나는 끔찍한 일들을 경험했다.

그런데 내가 17살이 되었을 때 형무소에서 하나님의 부르심을 듣고 구원받았다. 그 후에도 비록 형무소를 오갔지만 하나님은 계속 나를 사용하셨다.

2005년 1월 3일에 나는 아담스 카운티 교도소로 오게 되었고 그 당시에 중범죄자는 예배에 참석할 수 없어서 그것을 위해서 기도했다.

하나님의 응답은, "그래서 내가 너를 일하라고 불렀다"고 말씀하셨다.

그래서 성경 공부를 인도하기 시작했고 하나님의 능력으로 사람들의 삶이 변화되는 것을 보게 되었다. 3개월 후에 보석금을 내고 석방되었다가 1년 후에 재판에 져서 다시 교도소로 돌아와야 했다. 그러나 기적은 그때 일어났다. 나는 같은 감방에 돌아왔는데 하나님은 여전히 B동 3호실에서 재소자 리더들을 통하여 역사하고 계셨다.

제이슨 비힐이 나의 새로운 룸메이트로 들어왔고 나는 하나님의 음성을 들었다. "그는 나의 사람이고 그에게 역사가 이루어질 것이다."

서로를 더 알게 되었을 때 나는 그를 영적으로 도와줄 수 있었다. 그는 약물 과다복용으로 인해 목숨을 잃은 아내가 지옥에 갔을까 봐 걱정이 많았다.

어느날 『최고의 성인들은 절대로 숨지 않는다』라는 책을 받았는데 "친구 마라"라고 적혀 있는 페이지를 펴게 되었다. 그 순간 제이슨의 말이 생각나서 그에게 보여주었다.

"이 부분을 읽어봐."

몇 분 후 그는 내게 와서 울며 말했다.

"마라의 이야기에요."

다른 재소자가 예수님을 전했고 마라는 예수님을 영접했던 것이다. 제이슨은 마라가 천국에 있다는 것을 알게 되면서 하나님에 대해서 묻기 시작했고 천국을 소유한 사람이 되었다.

12. 용서

사무엘은 10살 때 형무소에서 출소한 아버지로부터 복음을 듣고 예수님을 영접했지만 후에 하나님 이야기는 만들어 낸 이야기라고 생각하고 믿음을 저버렸다. 그리고는 14살 때 대마초를 시작했고, 2년 후인 16살에 조폭에 가담한 뒤에 학교를 중퇴했다. 상황은 점점 더 악화되어 코카인을 하면서 강도 등 많은 범죄를 저질렀다. 그는 잘못된 걸 알면서도 사탄을 부르기 시작했고, 결국에는 인생에서 원하는 모든 것을 약속하는 사탄을 만났다.

"하나님은 너를 사랑하지 않아. 만약 너를 사랑한다면 왜 네가 고통을 당하겠어? 네가 원하는 것을 주는 게 당연한 거 아니야? 하지만 나는 너를 사랑하니까 네가 원하는 것을 다 줄 거야. 너의 영혼을 내게 팔면 너를 부자로 만들고 가장 예쁜 여자도 주고 모두가 너를 우러러보게 될 거야."

사무엘은 사탄과 계약을 하고 검은 마수에 걸려 들은 후 극도로 폭력적이 되었고 죽음에 대한 생각에 사로잡히게 되었다. 그는 스스로 악마이기에 죽지 않는다고 생각했다. 그러던 어느 날, 한 남자가 그에게 소책자를 건넸는데 이렇게 쓰여 있었다.

"당신은 예수님께서 사탄과의 계약을 파기할 힘이 있다는 것을 아십니까? 무슨 일을 했든지 누구든지 용서를 구하면 하나님은 용서하실 것입니다."

그는 여전히 하나님으로부터 도망쳤고 계속 하나님은 말씀하셨다. "이제 그만 도망치렴. 나는 너를 사랑하고 너에게 진리를 보여주고 싶다."

하나님은 그에게 주님 되심을 알려 주시고 사탄과의 계약이 아무 힘이 없다는 것을 상기시켜 주심으로 구원을 베푸셨다. 마침내 사무엘은 죄를 고백하고 용서를 구했다. 그가 투옥되었을 때 어떻게 영적으로 성장하게 되었는가에 대한 신앙간증을 썼다.

"용서의 하나님" — 사무엘 우라이브
2006년 5월 1일에 나는 다시 투옥되었다. 원래 교도소에서 청소나 일을 하면 형기를 단축시킬 수 있지만 내 경우는 제외였다. 하나님은 나를 위한 다른 계획을 가지고 계시다고 느꼈다.

"하나님, 저의 잘못된 생활로 인해 제가 죄인이고 더럽다는 것도 압니다. 당신 없이는 아무것도 할 수 없습니다. 나를 깨끗하게 해 주세요. 당신의 도움이 필요합니다. 당신만을 신뢰합니다. 당신이 원하는 삶을 살 수 있도록 도와주세요. 당신 뜻대로 내 삶을 인도 하소서."

여러가지 책을 읽어 보았지만 어느것하나 끝까지 집중할 수가 없었다. 그러던 중 표지가 없는 책을 중간쯤부터 읽기 시작했다. 주님을 알았지만 멀어진 후 교도소에 와서 다시 주님을 만난 한 남자에 관한 이야기였다. 지금은 완전히 새로운 단계에서 주님을 알고 있다는 것이었다.

이 책은 고통, 생존, 그리고 가장 중요한 것은 예수 그리스도를 통한 승리의 이야기를 담고 있었다. 책의 제목은 『최고의 성인들은 절대로 숨지 않는다』였고 이 책은 내가 그리스도를 위한 삶을 살도록 격려해 주었다. 반쪽 짜리가 아닌 온전히 주님만을 위한 삶을 사는 것에 대해 생각하게 되었고 나는 순종하기로 결심했다.

"너희가 온 마음으로 나를 구하면 나를 찾을 것이요 나를 만나리라" (예레미야 29:13). 나는 하나님을 마음에 만난 것이다.

나는 하나님과 깊은 관계를 원한다. 전에는 단순히 복을 구했지만 나는 이제 주님과 가까워지는 삶을 원한다. 주님 없이는 모든 것이 무의미하다는 것을 깨달았기 때문이다. 예수님께서 십자가 위에서 우리 죄를 사하셨기 때문에 주님은 우리가 무슨 잘못을 했다 해도 용서하실 수 있다. 마귀는 거짓의 아비다. 예수님만이 진리요 유일한 길이다.

"그러므로 형제들아, 내가 하나님의 모든 자비하심으로

너희를 권하노니 너희 몸을 하나님이 기뻐하시는 거룩한 산 제물로 드리라 이는 너희가 드릴 영적 예배니라 너희는 이 세대를 본받지 말고 오직 마음을 새롭게 함으로 **변화를 받아** 하나님의 선하시고 기뻐하시고 온전하신 뜻이 무엇인지 분별하도록 하라" (로마서 12:1~2).

사무엘의 놀라운 변화와 강력한 메세지는 많은 사람을 감동시켰다. 한 예배에서 그는 내내 눈물로 간증문을 읽었다. 그가 읽기를 마쳤을 때 모든 사람이 자리에서 일어나 1분 이상 박수를 쳤다. 예배에서 이런 일은 처음이었다.

13. 스페인어 책

교도소 사역을 시작했을 때 교도소에 영어예배와 성경공부는 있지만 히스패닉 재소자를 위한 프로그램이나 스페인어 성경조차 없었다. 교도소에서 성경이 필요하면 이야기하라고 말씀하셨던 최사라 권사님에게 전화를 했더니 스페인어 성경책을 사도록 $500불을 기부해주셨다. 그 후 몇몇 교회들도 스페인어 성경이 필요하다는 말을 듣고 성경책을 기증했다. 그후 교도소에서는 스페인어 성경을 구입하기 시작했다.

히스패닉 재소자 리더들이 그들도 예배와 성경공부가 필요하다는 것을 상기시켜 주었다. 나는 스페인어를 못하기 때문에 재소자 리더들에게 내 설교를 주면서 번역을 해서 그들이 설교문을 예배에서 읽도록 부탁했다. 그리고 기도모임과 찬송을 인도하면서 그들에게 스페인어로 예배를 인도 할 수 있는 목회자가 오도록 기도하라고 했다.

변화 프로젝트는 그 당시 영어로 된 책만 출간하고 있었다. 히스패닉 리더들은 내가 쓴 『예수님과 걷는 길』을 읽고 스페인어로 출간해 주길 요청했다. 나는 그들에게 번역을 부탁했고 F동의 3명의 히스패닉 리더들이 책을 번역하기 시작했다. 그들은 통역을 전문적으로 하던 사람들이 아니라 진도가 느렸지만 진심으로 자기 동족을 돕고 싶어했다. 마침내 하나님의 은혜로 히스패닉 자원봉사자 목사들이 예배를 인도하기 시작했다.

지금은 교도소에서 매주 일곱번 스페인어 예배를 제공한다. 2007년에는 멕시칸 사람들의 예배 출석자가 매달 평균 246명이었고 일년 총 출석자는 2,948명이었다.

『예수님과 걷는 길』 책을 번역하는 것은 오랜 시간이 걸렸다. 번역하던 3명의 재소자는 우리 시설을 떠났지만 또 다른 재소자가 나를 도와주기 시작했다.

어느 날 모두가 방으로 돌아가고 소등이 되었을 때 번역하는 사람을 만나기 위해 F동 방에 갔다. 달빛이 창문을 통해 들어왔지만 책을 읽을 만큼 충분한 밝기는 아니었다. 그럼에도 불구하고 조그만 책상에 앉아서 희미한 빛만으로 『예수님과의 걷는 길』 을 번역하는 것을 본 나는 믿을 수가 없었다. 가슴이 뭉클해지는 순간이었다. 마침내 그는 번역을 끝마쳤고 이 프로젝트를 위한 기금 또한 모여져서 스페인어 책 20,000권을 출판했다.

2010년에 내가 편집하는 것을 도와주고 특별히 스페인어 번역을 도와준 사람들 중에 미에야 비즈카라라는 여자에 대해 소개하고 싶다. 스페인어 책 편집을 중단하고 있었는데 그때 그녀를 만났다.

어느 날 F1400 동에서 미에야가 스페인어 편집하는데 도움이 필요하면 말하라는 것이었다. 나는 그녀에게 스페인어 책 마지막 교정을 봐줄 사람을 찾을 수가 없어서 더 출판이 되지 않고 있다고 했더니 흔쾌히 수락하여 그 일을 훌륭하게 해냈고 후에 책들이 출판되었다. 그녀가 어떻게 책

교정을 시작하게 되었는지를 알고 나서는 하나님께서 책 프로젝트를 인도하시고 계시다는 것을 느꼈다.

"열매" — 미에야 비즈카라

내가 체포되고 한 달이 안되어 재소자들이 맥도날드 목사님을 도와서 『최고의 성인들』이라는 책을 수정하고 있다는 것을 듣게 되었다. 책 내용은 어떻게 사람들이 그들의 어두움 속에서 하나님을 만나게 되었는지에 대한 간증들이다. 처음에는 다른 사람들이 목사님을 돕는 것을 알았을 때 나 자신에게 말했다.

"난 아니야! 나는 영적인 성장을 위해서 바쁜 사람이고 내가 해야 할 일을 이미 충분히 하고 있어."

그 당시 나는 성경을 읽고 성경공부에 참석하고 영적 성장을 위해 금식하며 내 자식들을 위해 기도하고 있었다. 맥도날드 목사님은 내게 여러가지 기도 프로젝트 소책자를 주었는데 나의 영적 성장에 큰 도움이 되는 강력한 도구로 쓰였다.

그런데 하나님은 내게 변화 프로젝트를 도와서 스페인어 수정을 도우라고 말씀하셨다.

"왜 내가 그것을 해야 하나요?"

하나님은 "이에 제자들에게 이르시되 추수할 것은 많되 일꾼이 적으니" (마태복음 9:37)라는 말씀을 주셨다.

불순종 하려 했지만 하나님은 부드러운 음성으로 계속 말씀하셨다. 놀라운 것은 하나님께 순종함으로 우리가 상상한 것 보다 더 많은 큰 축복을 받는다는 것이다. 끝내는 성령님께서 내게 하라고 명하신 것을 따를 수밖에 없었다. 다른 사람을 도와주기 위해 그 일을 해야겠다고 생각했지만 결과적으로 가장 많은 도움을 받은 건 바로 나 자신이었다.

"좋은 땅에 뿌려졌다는 것은 말씀을 듣고 깨닫는 자니

결실하여 어떤 것은 백 배, 어떤 것은 육십 배, 어떤 것은 삼십 배가 되느니라 하시더라" (마태복음 13:23).

책 수정하는 일은 내가 다른 사람의 아픔과 고통의 깊이를 이해하도록 도와주었다. 나와 마찬가지로 다른 사람들도 여러가지 이유로 상처를 받는다. 만약 다른 사람과 내가 하나님의 사랑으로 치유 받을 수 있다면 모든 사람들 역시 치유 받을 수 있다는 믿음이 생겼다. 복음은 하나님이 우리에게 사람들과 나누라고 명령하신 것이다. 편집 사역에 동참하는 동안 맥도날드 목사님과 나를 맨토링 해 줬던 아름다운 사람들로 인해 나와 하나님과의 관계가 점점 더 깊어졌다. 내가 변화 프로젝트에 참여하게 된 것은 하나님의 계획이자 은혜였다. 그 사역이 다른 사람에게 긍정적인 영향을 미치는 것을 안다. 하나님의 능력은 제한이 없으시므로 변화 프로젝트의 문서 선교 사역이 미 전역 뿐만 아니라 전 세계적으로 영향을 미친다고 해도 그리 놀라운 일이 아니라고 생각한다.

교도소에 온지 1년이 넘었다. 그러나 지금에 나는 하나님의 은혜로 만족한다. 시간과 공간 그리고 소유를 초월하는 만족 또한 배웠다. 정말 중요한 것은 하나님이시다.

나는 전에 쉬지 않고 달렸지만 어디서 시작했는지, 어디에서 끝낼지는 알지 못했다. 이제야 나는 어디에서 왔고 어디로 가는지 알게 되었다. 하늘에 있는 영원한 나의 집을 향하여 가면서 나의 왕이 되신 하나님께 찬양과 영광을 돌린다. "예수님, 영원토록 당신만을 사랑합니다."

14. 회복

『최고의 성인들』이라는 책 시리즈 모두는 성령께서 인도하시고 재소자들이 글을 쓰고 수정을 도와주기 때문에 가능하다. 그 중 21세인 라키샤는 그 누구보다 문서 선교 프로젝트에 열정적이었고 책의 수정을 도와주었을 뿐만 아니라 다른 재소자들의 이야기를 듣고 그들을 위해서 글을 대필까지 해 주면서 문서 선교를 도와주었다. 그녀는 삶의 목표를 찾은 사람처럼 기쁨으로 기꺼이 그 일을 해내었다.

하나님께서는 나에게 재소자의 간증 책 이외에도 나에 관한 간증문을 계속 쓰고 그 책들을 통하여 재소자들의 영적인 성장과 부흥을 위해서 배포하는 일을 하게 하셨다.

처음에 문서 선교는 나의 저서 『예수님과 걷는 길』과 『영적 부흥』 책들로 시작되었다. 신학대학원 시절, 하나님의 인도로 재소자와 노숙자들에게 보급하게 된 것이다. 10년 전에 쓴 『영적 부흥』을 다시 편집하여 출판하라고 말씀하셨을 때는 정말 내키지 않았다. 이미 『꿈과 해석』이 출판된 후라 반복된 이야기가 많았기 때문이다.

그러나 순종을 하려고 라키샤에게 도움을 청했다. 그녀는 나의 두 책을 비교해서 중복되는 부분을 최소로 줄일 수 있도록 도와주었고 『나는 산이였다, 믿음과 영적 부흥의 길을 찾아서』를 출판 할 수 있었다.

어느 날 그녀가 있는 감방 안에 들어가서 기도를 인도한 후에 그녀가 하고픈 말이 있다고 해서 단 둘이 접견실로 갔다. 예수님을 만나는 꿈을 꾸었는데 잃은 아들이 잘 있다는 말씀을 전해주셨다는 것이다. "하나님은 실제로 계세요"하고 말한 그녀는 그 꿈의 이야기를 간증문으로 썼다.

그녀는 형을 받은 이후 덴버 여자 형무소에 도착해서 책 프로젝트를 계속할 수 있을지 궁금해 했다. 그러나 그곳에는 책 프로젝트가 없다. 그래도 그녀에게 계속해서 책을 쓰라고 권면하고 외부의 교회들과 연락해서 책을 출간해 줄 수 있는지 알아보라고 했다.

"놀라운 꿈" — 라키샤 비힐

충격으로 인해 아무것도 먹을 수도, 잘 수도 없던 나는 목사님과 대화 후에 D동에 배정받았다. 『최고의 성인들은 절대로 숨지 않는다』라는 책을 읽으면서 하나님이 나를 사랑하신다는 생각이 들었고 그 때부터 성경 공부에 참여하기 시작했다. 매일 밤 성경을 읽고 기도하는 내게 필요한 것은 평안이었다. 그런데 나의 치유는 꿈을 통해서 닥아왔다.

2011년 1월 25일 밤에 잊을 수 없는 꿈을 꾸었다. 푸른 잔디가 있는 언덕위에 큰 나무와 아름다운 꽃이 만발하고 하늘엔 새가 날아다니고 있었다. 그것은 정말 멋있는 광경이었다. 그 때 나는 스페인어로 찬양하고 있었는데 잘 생긴 한 남자가 흰 옷을 입고 땅에 씨앗을 뿌렸다. 그 씨앗은 내 눈앞에서 자라나 크고 예쁜 꽃을 피웠다. 그 씨앗은 내 아들이었고 나를 향한 천사의 음성을 들었다. "모든 것이 좋아질 거예요."

흰옷의 잘생긴 남자는 예수님이었는데 나의 잃어버린 아들이 천국에서 잘 지내고 있음을 보여주신 것이다. "모든 것이 잘 될 거야." 주님은 말씀하셨다.

나는 이 꿈을 통해서 하나님은 살아 계시고 상한 심령을 고칠 수 있는 능력이 있음을 알게 되었다. 마치 넘어진 어린 딸을 일으켜 세워 보살펴주는 아버지처럼 나를 치유해 주셨다.

라키샤는 처음 교도소에 왔을 때 자살충동보호구역 방에 감금되 있었는데 교도간이 상담을 요청해서 그녀를 방문했다. 그녀가 자살충동으로 그곳에 감금된 것이 아니고 교도소에서 그녀가 조폭의 멤버로서 살인과 관계되어 감금된 일로 인해서 충격을 받아서 자살을 할까봐 미리 감금한 것이었다. 그녀는 계속 울고 있었고 심한 충격에서 헤어나 오지 못하고 있었다. 그러나 그녀가 예수님을 만난 후에는 하나님의 사랑으로 치유 받았고 미소를 되찾았다. 그러던 중 룸메이트가 자살을 했고 그 광경을 목격한 라키샤는 다시 고통과 충격을 감당해야 했다.

"주님, 왜 그녀입니까? 왜 다시 이런 일이 일어납니까?"

놀랍게도 라키샤는 믿음으로 어려움을 이겨내고 다시 일어설 수 있었다. 하나님의 치유의 능력을 또 다시 체험한 것이었다.

하나님은 우리의 모든 눈물과 아픔을 통해 치유의 능력을 우리들에게 베푸시며 소망을 주시는 분이시다. 그녀는 자살한 룸메이트에 관한 이야기도 써서 자살충동을 느끼는 이들에게 하나님의 치유를 구하라고 격려의 글을 썼다. 그 분은 놀라운 은혜와 능력의 하나님이시다.

15. 섬김: 디모데 갈시아

"저는 목사님이 『최고의 성인들』 책을 쓴 분인 줄 몰랐어요." 디모데는 밝게 웃으며 말했다. 내가 그에게 세례증서를 주었을 때 한말이다.

"그 책은 실제로 재소자들이 썼죠. 전 단지 그들의 이야기를 모아서 책으로 낸 것 뿐이죠."

"나는 오랫동안 사탄을 숭배하고 사랑한다는 말을 하고 다녔어요. 사탄은 나에게 많은 것을 약속했지만 결과적으로 나는 계속 죄 짓는 인생을 살았고 심지어 5번째로 형무소에 가게 되었을 때는 자살충동까지 겪었어요. 자살 관찰 보호 구역에서 나왔을 때 『최고의 성인들』을 읽기 시작했고 주님을 만났어요."

주님을 따르기로 결심한 후에 마귀가 그를 괴롭혔지만

예수 그리스도의 능력으로 귀신과 싸우는 법을 알게 된 그는 하루 종일 기도하고 성경을 읽고 주님을 의지하고 성령의 전신갑주를 입음으로 싸움에서 승리하고 있었다. 출소 후에는 목사가 되기 위해 신학공부를 할 계획이라고 했다.

그는 문신이 사단의 흔적이라는 생각해서 괴로워했지만, 오히려 나는 그에게 사탄을 숭배하는 이들에게 전도할 수 있는 기회를 특별히 주신 것이라고 말해주었다. 자신이 갖고 있는, 사탄에 대한 영적 지식을 통해 마귀의 공격으로 고통 받는 사람들을 도울 수 있는 것이다. 그는 사람들이 사탄을 따르는 것이 얼마나 위험한지를 경고하고 하나님은 살아계시다고 증거하는 주님의 일꾼이 되었다. 디모데가 떠난 후에도 그의 간증과 다큐멘터리 영화는 많은 사람들을 도왔다. 그 한 예가 하루는 성령님께서 디모데의 간증을 예배시간에 보여주라고 말씀하셨다. 예배가 끝난 후에 한 남자가 자기도 마귀에게 2년 동안 공격을 당하고 있다고 했다.

"정신적인 혼돈 속에서 살고 있어요."
"마음에 평안도 없고 고통스럽지요?"
"그렇습니다."
"예수님을 영접했어요?"
"아니요."
"우리의 힘으로는 마귀를 이길 힘이 없습니다. 그러나 예수님을 의지하면 그분의 힘으로 이길 수가 있습니다. 디모데는 사탄도 있고, 지옥도 있고, 하나님도 계시다고 간증했어요. 그가 사단을 믿었을 때엔 고통 속에서 살았다고 했어요. 사단에게서 이기려면 예수님을 믿어야 합니다. 예수님을 영접할 준비가 되었는지요?"

그가 준비가 되었다고 하자 나는 예배에 참석한 사람 중에 그를 예수님께 영접하는 기도를 인도할 사람이 있느냐고 물었다. 한 재소자가 손을 번쩍 들고는 "제가 하겠어요"

하고 말했다. 우리는 원을 만들고 기도를 시작했다. 그래서 그날 한 사람이 디모데의 간증 때문에 마음의 문을 열고 예수님을 영접하는 시간이 되었다.

16. 믿음의 투쟁

헤덜은 훌륭한 리더였다. 그녀는 언제나 내 책의 수정을 도와주고 기도회를 인도하며 다른 사람들을 격려하고 영적인 성장을 도왔다.

"믿음으로 모든 것이 가능하다" — 헤덜 워러하우스

나는 올해 서른이 된 여자다. 고향은 콜로라도 주 덴버이고 마약에 빠진 부모와 그 밑에서 폭행당하며 마약과 연루된 삶을 살아가는 오빠랑 살았다. 내가 6살 때 이웃집 남자에게 성폭행을 당하는 끔찍한 경험을 했고 그 후 플로리다 데이튼 비치로 이사한 후에도 아버지는 오빠와 함께 마약을 팔고 운반하는 일을 계속 했다. 12살이 되었을 때 롤러 스케이트를 타고 놀다가 집에 왔더니 경찰들이 우리 집을 포위하고 있었다. 심지어 지붕 위에도 경찰들이 올라가 있었던 광경은 어린 나에게 큰 충격이었다.

마약판매와 운반으로 아버지는 10년 형, 17살 오빠는 5년 형을 받았다. 아버지를 좋아했던 나는 그 충격으로 가출과 음주를 반복하며 소년원을 들락거리기 시작했다. 11살 때 오빠 친구를 만나서 사귀다가 15살에 결혼을 했는데 남편의 나이는 29살이었다. 평범하지 않은 힘든 결혼 생활이었지만 그 속에서 천사같이 아름다운 두 명의 딸과 아들 하나를 낳았다.

남편이 2005년 교도소에서 출소했을 때 나 역시 복역 중이었는데 그곳은 외부에서 직장을 다니며 형기를 채울 수 있는 곳이었다. 내가 몇 번 규율을 어기는 바람에 다시 덴버 여자 수용소로 들어가서 형을 살아야 하는 일이 발생했다. 그런데 그 안에 들어가서야 내가 임신한 사실을 알게 되었다. 만삭이 되었을 때 화장실에서 미끄러졌고 그때부터 하혈이 시작되었다. 교도소에 알렸지만 3일이 지나서야 병원에 갈 수 있었고 양수가 터져서 아기가 이미 죽었다는 소식을 듣고 슬픔과 분노가 가슴 가득히 밀려왔다. 죽은 아이는 움직일 수가 없어서 분만하는데 48시간이 걸렸고 그 과정에서 수갑을 풀러 주지 않아 그 고통과 모멸감은 이루 말하기 힘들었다.

코와 입에 피가 흥건히 고여 있는 죽은 아들을 껴안고 우는데 간호사가 아기를 데려가려고 했다.

"기다려봐요. 아기가 깨어날 거예요. 조금만 기다려봐요. 데려가지 말라고요"하고 울면서 애걸했다. 그들은 나의 말을 듣지 않고 아들을 데려갔다.

교도소 목사님이 방문 했을 때 나는 분노가 치밀었다.

"하나님은 없어요. 만약 하나님이 살아 계시다면 어떻게 이런 일이 생기겠어요?"

내 몸은 사산으로 인한 부종으로 소변도 못 보는 상태였지만 호스를 꽂아 교도소로 돌려보내졌다. 의사는 내가 심한 트로마를 겪고 우울증에 걸렸다고 했다.

2008년 2월 형기를 다 마치고 출소한 후 남편과 다시 합쳐서 집도 장만하고 차도 사면서 정상적인 생활을 하게 되었다. 그 시기에 남편은 폭력을 가하기 시작했고 아들과 나를 지하실에 가두고 자기를 떠나면 둘다 죽인다고 칼로 협박하다가 내 입을 찌르게 되었다. 36바늘을 꿰매는 대 수술을 한 후 그 고통과 괴로움을 잊기 위해 끊었던 마약에 다시 손을 대기 시작했다. 그러던 중에 남편이 다른 여자와 바람이 났다는 소식을 듣고는 삼일 동안 집에 들어가지 않았다. 그 동안 남편은 경찰과 마찰이 생겨서 그 일로 인해서 5년 징역형을 받았다. 불과 얼마 전에 느꼈던 행복은 물거품처럼 사라지고 마귀의 속삭임에 빠져서 방탕의 길로 접어들었다. 자식도 먹여 살려야 했고 마약도 사야 했기에 도둑질도 서슴지 않았다.

그런 내가 하나님을 다시 찾은 것은 새 남자친구를 통해서였다. 그가 나를 교회에 데려갔는데 그때 나는 하나님의 임재와 성령님께서 나와 함께 계신다는 확신을 가졌다. 그러나 현실은 나와 그가 함께 도둑질을 한 것 때문에 16~32년 형을 받을 지도 모른다는 두려움 뿐이었다.

그후에 재판을 받기 전에 보석금을 내고 나왔는데 그뒤로 몸이 아파서 병원에 가는 바람에 법정에 나가는 날짜를 놓쳤다. 결국 체포 명령이 떨어지고 수중에 돈 한 푼 없이 다른 주에 도피해 있었다.

나는 그때 무릎을 꿇고 기도했다. "하나님, 나는 당신의 도움이 필요합니다. 나에게 무엇을 원하십니까?" 하나님은 나에게 콜로라도 주로 돌아가라고 하셨다. 나는 자살충동의 고통 속에서 살고 있는 잃어버린 양이었다.

2010년 12월 3일 연방정보부에 의해서 체포되었을 때는 도망다니다 지쳐서 오히려 마음에 평안이 왔다. 계속 하나님을 피하고 멀리하는 삶은 고통의 연속이며 도저히 감당할 수 없다는 것을 배웠다. 이 과정을 통해 하나님께 나의 모든 걱정과 아픔, 분노와 잘못된 생각을 내려놓는 계기가 되었던 것이다.

하나님께로 가는 길에 함께해 준 기독교인들에게 감사한다. 그들로 인해 하나님께서 나의 아픔을 치유 하신다는 것을 알게 되었고 악몽을 꾸게 될 때 예수님의 이름으로 마귀를 물리치는 것을 배웠다. 지난주에는 내가 기도하는 것조차 위선이라는 생각이 들어서 방에 들어가 혼자 울었다.

"하나님, 제게 무엇을 원하십니까? 왜 내가 그 많은 어려움과 고통의 길을 걸어야 했습니까? 내 말을 듣고 계시는지요? 잘 살아 보려고 노력을 해도 왜 이렇게 고통스러운 일만 생길까요?"

하나님은 말씀을 통해 응답하셨다. "우리를 끌어 그물에 들게 하시며 어려운 짐을 우리 허리에 두셨으며 사람들로 우리 머리 위로 타고 가게 하셨나이다. 우리가 불과 물을 통과하였더니 주께서 우리를 끌어내사 풍부한 곳에 들이셨나이다. 내가 번제물을 가지고 주의 집에 들어가서 나의 서원을 갚으리니 이는 내 입술이 낸 것이요 내 환난 때에 내 입이 말한 것이니이다. 내가 숫양의 향기와 함께 살찐 것으로 주께 번제를 드리며 수소와 염소를 드리리이다. 하나님을 두려워하는 너희들아 다 와서 들으라. 하나님이 내 영혼을 위하여 행하신 일을 내가 선포하리로다. 내가 나의 입으로 그에게 부르짖으며 나의 혀로 높이 찬송하였도다. 내가 내 마음에 죄악을 품으면 주께서 듣지 아니하시리라. 그러나 하나님이 실로 들으셨으며 내 기도 소리에 주의 하셨도다. 하나님을 찬송하리로다. 저가 내 기도를 물리치지 아니하시고 그 인자하심을 내게서 거두지도 아니하셨도다"(시편 66:11~20).

매일매일이 믿음의 투쟁이었다. 그러나 나는 이제 하나님이 나와 함께 계시며 기도할 때 성령께서 나와 함께 계신다는 것을 느끼게 되었다. 하나님은 나의 질문에 응답하신다. 절망적인 생각이 들 때 마귀를 예수이름으로 물리치면 나의 눈물이 사라진다.

오늘은 아름다운 날이다. 다른 재소자들과 뜰에 나갔을 때 한 여자가 찬송을 불렀는데 정말 은혜스러웠다. 나는 그녀들과 함께 손잡고 기도했다. 하나님의 임재하심을 느끼고 모두 눈물을 흘렸다.

믿음 때문에 나는 강해졌다. "내게 능력 주시는 자 안에서 내가 모든 것을 할 수 있느니라" (빌립보서 4:13).

17. 행복한 토끼 — 크리스탈 기스파이

크리스탈은 아주 밝은 미소를 지닌 젊은 여자이다. 물론 그녀가 처음부터 그런 것은 아니었다. 처음 들었던 이야기는 그녀가 감방 전체를 돌아다니면서 귀신에게 주문을 외우면서 다닌다는 소문이었다.

그런 크리스탈에게 변화가 찾아왔다. 릭 워렌의 『목적이 이끄는 삶』을 읽기 시작하며 기독교가 무엇인지 알려고 노력했고 조금씩 마음의 변화가 시작되었다. 이 책을 통해 하나님이 살아 계신다는 확신을 얻었고 그녀는 하나님을 믿고 매우 긍정적인 영향력을 끼치는 사람이 되었다.

내가 감방 안에서 기도 모임을 인도할 때 참석하기 시작했고 그녀는 다른 사람들에게 고백했다. 예전에 자신은 마술사였지만 하나님을 만나기 전까지 전혀 행복하지 않았다고 했다. 그리스도인이 된 후에 마침내 평화와 기쁨을 찾을 수 있었다는 간증을 했다.

어느 날 내가 F 1400방에 갔을 때 크리스탈은 토끼같이 긴 귀를 붙이고 분장을 하고 있었다. 교도소에 문제가 생겨 당분간 TV를 시청할 수 없게 되자 모두 지루해 하고 있던 차에 그들을 위로하기 위해 크리스탈이 나선 것이다.

그녀로 인해 분위기는 한층 밝고 좋아졌다. 연기도 보여 줄 수 있냐는 내 물음에 그녀는 활짝 웃으며 대답했다.

"물론이죠."

그녀는 토끼처럼 점프해서 종이봉투를 집어 드는 연기를 보여줬다. 짧은 시간이었지만 우울한 장소에서 창조적으로 사람들의 마음을 밝게 해 주는 유머 감각이 있었다. 덕분에 나도 다른 사람들과 웃으며 마음이 가벼워 졌다.

나는 2008년에 차 사고로 남편을 잃고 큰 충격을 받아 얼마 동안 모든 사역과 책 작업도 중단했었다. 남편이 죽은 지 석달 만에 더 이상 남편을 그리워하거나 슬퍼하지 않도록 하나님이 치유해 주셨을 뿐만 아니라 사역을 할 수 있는 힘도 주시고 책도 계속 쓸 수 있게 도와 주셨다. 내게 일어난 모든 일이 하나님의 기적이었다.

"목사님은 우리에게 많은 감동을 주세요. 갑자기 남편을 잃고 여러가지 일이 있었잖아요. 그럼에도 불구하고 웃으며 사역을 하시는 것을 보면서 힘을 얻었어요."

크리스탈은 입을 열 때마다 누군가를 위로하고 축복하는 사람이었다.

18. 기쁨의 춤

다나 테볼의 삼촌이 그녀의 어머니를 벽돌로 살해했을 때 그녀는 겨우 6개월 된 아기였다. 그후 고아원에서 자라며 성폭행을 당했고 커서는 섹스와 마약을 복용하는 것이 삶의 고통을 이기는 유일한 방법이라고 생각하며 살았다. 그러던 그녀가 하나님을 만난 후 변화되기 시작했다.

폭력에 노출된 힘든 삶 속에 자식을 입양시키는 아픔을 겪었지만 여전히 미소가 빛나고 긍정적인 마음을 잃지 않았다. 하나님이 주시는 기쁨을 알게 된 것이다. 어느 날 이유를 알 수 없지만 기쁨이 사라져 그 기쁨을 되찾기 위해 기도하고 있다고 말했다.

"기쁨을 잃게 되는 여러가지 이유가 있지요. 제가 지금 나열한 것 중에 어디에 해당되는지 생각해봐요. 첫째로 당신이 어떻게 생각을 하고 있는지를 생각해봐요. 만약 하루 24시간에서 90%를 걱정하면서 보내고 10%만 하나님과 함께 하는 시간에 쓴다면 기쁨을 잃게 될 거에요.

둘째로 시간을 어떻게 보내는지 생각해 보세요. 만약 당신 시간의 90%를 당신에게 관심을 또 하나님이 아닌 다른 것에 쏟고 10%만 성경을 읽거나 기도하는데 보낸다면 기쁨을 잃게 될 거에요.

세째로 하나님이 당신을 위해 행하신 일을 생각하는지 보세요. 만약 당신의 초점이 당신이 가지고 있지 않은 것에 있고 하나님이 당신에게 주신 것을 잊고 있으면 기쁨을 잃게 될 거에요.

네째로 주님을 섬기고 있는지 보세요. 만약 당신이 자신에게만 초점을 맞추고 다른 사람이 기쁨을 찾을 수 있도록 도와주는 일에 관심이 없다면 당신의 이기심 때문에 기쁨을 잃게 될 거에요.

다섯째 당신이 어떻게 말하고 있는지 보세요. 당신 스스로가 주님 안에 있다는 것을 선포하지 않으면 기쁨을 잃게 될 거에요. 지금 이 순간 당신에게 기쁨을 주는 것이 무엇인가를 생각하고 주님 안에서 이미 받았던 것과 현재 가지고 있는 것에 대한 감사를 선포하기 시작하세요.

제가 만약 당신이라면 걸어 다니면서 주님 안에서 느끼는 기쁨을 선포할 거예요. 기쁨을 느낄 수 있을 때까지 선포할 거예요. 주님이 있기 때문에 기쁨이 있어요. 구원받았기 때문에 기쁨이 있어요. 성령께서 나와 함께 하시기 때문에 기쁨이 있어요. 주님이 나를 돌보시기 때문에 나는 기쁨이 있어요, 등등. 기쁨을 선포하는 동안 당신은 또한 기쁨으로 인해 춤출 수도 있어요."

다나는 나의 제안을 따라 그 자리에서 기쁨을 선포하기 시작하며 춤추기 시작했다. 즉시 그녀는 기쁨으로 가득 차기 시작했다. 더 이상 기쁨을 구하는 기도를 할 필요가 없었다. 그녀는 이미 기쁨으로 충만했다.

일주일 후 다시 그녀를 보았을 때 나를 향해 웃으며 손들어 인사했다. 나는 문틈을 통해 그녀에게 말했다.
"나를 위해 춤 출 수 있어요?"
다나는 미소를 지으며 춤추기 시작했고 그것을 보는 나와 교도관은 미소를 지었다. 다나는 하나님의 부름 받은 종으로 기도와 노래에 재능이 있었다. 많은 사람들이 그녀와 함께 있을 때 기쁨이 충만해진다고 고백했다.
다나와 베스타, 이 두 자매와 함께 드린 예배는 지금까지 내가 경험한 최고의 성령 충만한 예배였다. 다나가 직접 만든 곡으로 특송을 하면 베스타는 주님을 향한 경외심에 무릎 꿇고 바닥에 엎드린다. 또 다나는 방언하고 찬양하며 춤춘다. 나는 그때마다 천국의 기쁨과 성령님의 임재를 느끼고 신령과 진정으로 드리는 예배의 모습을 보시며 하나님께서는 우리 모두를 축복하셨다.
5월 22일 주일예배에서 다나가 베스타, 리사와 함께 연극을 했다. 다나는 조폭 역할을 한 베스타에게 성경을 읽어주면서 전도를 했다. 리사는 예수님이 베스타를 돌보지 않는다며 빈정거렸지만 다나는 포기하지 않고 베스타에게 예수님의 사랑을 전했다. 결국 베스타는 예수님을 영접하고 간증을 노래하며 춤추기 시작했다. 나는 교도관들에게 이 연극을 와서 보기를 권유했다. 연극이 끝난 후 교도관들은 말했다. "모든 감방에 있는 사람들이 봐야 할 거 같은데."
그녀들의 연극은 그 후 계속 되었고 많은 이들 앞에서 공연을 하게 되었다. 이것을 시작으로 다른 재소자들은 자신의 감방에서 또 다른 연극을 준비하기 위해 아이디어를 냈다. 이 모든 것은 놀라운 파생효과를 가져왔다. 이 연극은 다나의 아이디어였다.

19. 교도소를 떠나는 슬픔

그레그는 A동의 훌륭한 설교가였다. 예배를 인도할 때마다 본인이 설교하기를 원했고 설교도 열정적으로 했다. 그는 설교문을 누구보다도 더 많이 써서 나에게 주었다. 교도소를 떠날 날이 가까워 지면서 그는 슬프다고 했다. 왜 슬픈가를 쓰라고 했더니 놀라운 간증문이 되었다.

"복음을 전하는 기쁨" — 그레그 리스코

나는 제퍼슨 카운티 교도소에 있을 때 처음 복음을 들었다. 거기에서 살인 기소된 타드라는 남자를 만났는데 자기 여자 친구를 잔인하게 살해한 혐의로 들어왔다. 타드는 만약 하나님이 사형을 받지 않도록 도와주시면 복음을 전하는 일에 평생을 헌신하겠다고 서원했다. 그런 타드의 하나님에 대한 헌신과 복음을 전하려는 집념을 보면서 관심이 생겼다.

그는 나에게, "모든 사람이 죄를 범하였으매 하나님의 영광에 이르지 못하더니"(로마서 3:23)라는 성경구절과 죄의 삯은 사망이고 영생은 하나님의 선물이라고 말했다.

그러나 나는 타드를 무시했다. "하나님이 이 책을 썼는지 당신이 어떻게 알아?"

언제나 내가 논쟁에서 이긴다고 생각했지만 그 당시 내가 몰랐던 것은 나의 어머니와 할머니, 교회 사람들의 기도가 이 교도소에서 결실을 맺기 직전이었다는 것이다. 또한 타드가 감방에서 나를 위해서 하나님께 간청하고 있었다는 것이다. 그가 나의 마음에 뿌려진 믿음의 씨앗에 물을 주었고 내 영의 눈을 열어 주어서 결국 나는 주님을 영접했다. 사탄이 나를 괴롭히고 삶을 파괴하기 위해 보낸 교도소에서 하나님께서 나의 마음을 돌이키실지 누가 알았겠는가?

인생은 정말 멋있다!

그 때부터 복음을 전하고 설교하는 것은 나의 기쁨이 되었다. 전도할 때 많은 사람들이 예수님을 만났고, 전에는 어떻게 하면 교도소에서 빨리 나갈까 하는 생각뿐이었는데 이제는 어떻게 하면 복음을 전할까 하는 것이 내 최대관심사가 되었다.

교도소를 떠나는 날이 슬픈 날이 되리라고는 꿈에도 생각하지 못했다. 여기에 앉아 편지를 쓰는 동안 놀랍게 변화된 나를 발견했다. 교도소라는 극한의 환경에 있을 지라도 하나님의 뜻 안에 있다면 하나님께서 우리의 삶을 변화시키신다는 것을 의심하지 않는다. 이것은 하나님의 영광가운데 일어나는 일이다. 예수님이 나타나실 때 모든 것이 변한다. 사람들은 고침 받고, 눈먼 자가 눈을 뜨며, 절름발이가 걷고, 죄인이 용서받고, 마귀가 더 이상 그들을 주장할 수 없음을 알게 되었다.

하나님은 나를 통하여 다른 사람들을 변화시키는 일에 사용하고 계셨다. 이제 나에게 환경은 중요하지 않다. 내가 여기에서 보낸 하루하루는 하나님과 더 가까이, 그리고 천국에 나의 보화를 쌓는 일이 된다는 것을 알게 되었다.

이곳에서 하나님을 위해 해야 할 일이 너무 많다는 것을 알기에 교도소를 떠난다는 사실이 나를 슬프게 만들었다. 내가 이곳을 나갈 것이라는 걸 알지만 그 때가 언제인지 현재로서는 확실한 날짜를 모른다. 우리의 삶도 마찬가지다. 언제 하나님께서 우리를 부르실지 모른다. 나를 하나님의 도구로 선택하심을 감사하며 찬양드리며 살 것이다.

20. 성령의 역사

예배준비를 위해 한 사람씩 재소자가 배정되고 매주 이

들이 예배에 참석하면서 얼마나 변화하는지 보는 것은 정말 흥미로웠다. 한번은 피터란 베트남 사람이 있었는데 예배를 돕는 보조자로서 교도소를 떠날 때까지 아주 열심히 나를 도와주었다. 그가 예배에 참석하면서 하나님을 믿게 된 것은 하나님의 은혜이고 재소자들의 예배에 성령님께서 얼마나 강력하게 역사하시는가 다시 한 번 느끼게 해 주었다. 그의 간증은 정말 놀랍다.

"가벼운 마음" — 피터 응웬

처음 교도소에 왔을 때 나는 하나님을 몰랐다. 성경을 가지고 다니는 사람들을 보면 "거룩한 사람"이라고 놀렸다. 모두가 없는 하나님을 믿고 있다고 생각했다.

"그렇게 하다가 하나님이 너의 마음을 바꾸실 거야." 누군가 나에게 이렇게 말하면 비웃었다. 어느날 내가 예배준비를 돕는 사람으로 배정되었다는 소식을 들었다. 내가 평소에 기독교인들을 놀려서 누군가 지어낸 말인 줄 알았다. 내가 실제로 그 일을 하게 되었다는 것을 안 후에 너무 당황해서 다른 대안을 찾아 봤지만 내게는 선택권이 없었다. 형기 단축을 위해서 내키지 않았지만 그 일을 시작했다.

시간이 지나면서 나는 맥도날드 목사님의 책들을 읽기 시작했고 교회에서 전한 메세지를 들으면서 목사님을 돕는 역할이 좋아지기 시작했다. 그렇게 목사님을 돕기 시작한지 2~3주가 지난 후에 에드라는 교도소 직원이 내게 말했다.

"매일 밤 한 시간씩 침묵의 시간을 가지고 조용한 가운데 성령님께 음성을 들려 달라고 구하세요. 그러면 하나님의 음성을 들을 수 있을 거예요."

에드의 말대로 구하며 기다렸다. 8일쯤 지났을 때 기도하는 중 하나님의 임재를 느끼고 나는 평평 울었다. 그래서 다음날 맥도날드 목사님께 말했다. "하나님께서 나에게 찾아오셨어요. 얼마나 눈물을 흘렸는지 몰라요. 하나님은 살 아계셔요."

목사님은 내가 성령을 체험한 것이라고 말해주었다. 그 날 이후로 성령님이 내게 말씀하셨다는 사실에 나는 마음이 더 가볍고 행복해졌다. 심지어 더 이상 다른 사람들에게 주님을 향한 거친 말이나 욕도 하지 않는 사람이 되었다. 믿음을 더 강하게 도와 준 것은 A동의 3호 형제들과 예배를 볼 때였다. 내가 그 그룹을 도우러 갈 때마다 정말 행복했다. 그들의 간증은 놀랍고 나를 감동시켰다. 이제는 매일 매일 주님께서 나를 위해 행하신 일들을 위해 기도할 것이다. 이제 나는 주님이 나의 구원자이심을 확신하게 되었다.

21. 구원

하루는 소 그룹 사람들이 예배에 참석했다. 원을 만들어 앉아 있는데 져스틴이라는 키 큰 남자가 나에게 물었다.

"목사님, 이 그룹에 주님을 알지 못해서 고통 받고 있는 한 사람이 있습니다. 그가 예수님을 영접하고 싶은지 묻고 싶은데 괜찮겠어요?"

"그렇게 하셔도 좋습니다."

져스틴은 옆에 앉은 젊은 남자에게 말했다. "형제여, 예수 그리스도를 의지하십시오. 주님께서 당신을 도와주실 수 있습니다. 예수님을 영접할 준비가 되셨습니까?"

"예, 준비가 되었습니다."

"내가 예수님을 영접하기 위해 하는 기도를 할 테니 따라서 하십시오."

기도로서 한 사람이 예수님을 영접했고 그곳에 있는 모든 사람들이 손뼉을 치면서 기뻐했다. 교도소에서 죽은 영혼 살리는 일을 하는 많은 재소자 리더들에 대한 존경하는 마음이 더욱 깊어졌다.
 다시 또 다른 기적은 존을 통해 일어났다. 나쁜 소식을 듣고 몹시 상처를 받은 존은 감방에서 자살을 시도했고 교도관에게 발견되었다. 교도관은 줄을 풀면서 하나님께 존을 살려달라고 기도했는데 그가 다행히 죽지 않고 살아났다. 존은 교도관의 기도에 감사했고 시간이 흐른 후 그는 마음에 치유를 받고 설교를 할 수 있었다. 다음은 그의 설교였다.

 "기도의 힘" — 존 킹
 3개월 전 나는 방향도 목적도 없는 삶을 살고 있었습니다. 마약에 중독되어 아이들을 돌보는 일조차 하지 않았습니다. 그저 누군가 대신 나의 일을 해주길 바라고 있던 중에, 하나님이 간섭하여 주시기를 기도하게 되었습니다. 그리고 나는 교도소에 오게 되었습니다.
 그날 이후로 나는 매일 하늘에 계신 아버지와 끊임없이 대화를 했습니다. 나를 인도하시는 예수님께 전적으로 나의 삶을 드렸습니다. 하나님의 말씀을 공부하고 그리스도인의 삶을 살아가면서 전에 경험할 수 없는 행복을 느꼈습니다. 평안가운데에서 나의 미래를 기대해 봅니다.
 기도와 용서를 통해 사랑이 무엇이며 어떻게 사랑해야 하는가를 배웁니다. 나는 진실로 복 있는 자이고 나에게 새로운 삶을 주신 예수님을 통해 하나님을 전적으로 신뢰하게 되었습니다. 기도를 통해 치유 받을 수 있으므로 우리는 예수 그리스도를 통해 끊임없이 기도해야 하고 믿음은 영원한 치유를 허락합니다.
 만약 당신이 어둠 속에 있으며, 고통으로부터 치유 받고 싶고, 예수 그리스도를 구원자로 영접하고 인정하길 원한다면 앞에 나와서 주님을 영접하고 치유함을 받으세요.

존이 말을 끝내자마자 앉아 있던 남자가 일어나 자신의 삶을 주님께 드리기 위해 앞으로 걸어 나왔다. 존은 예수님을 영접하도록 그를 위해 기도했다.

나에게 잊을 수 없는 순간이었다. 만약 존이 자살하려던 밤에 죽었다면 복음을 전할 수 없었을 것이고 사람들을 주님께 인도할 수 없었을 것이다. 우리가 주님을 위해 살기로 결심하게 되면 하나님께 쓰임 받는 도구가 될 수 있다. 교도소의 훌륭한 영적 리더들을 통해 하나님의 평안과 기쁨은, 교도소에 있어도 누릴 수 있다는 것을 배우게 되었다. 놀라우신 하나님의 은혜였다.

22. 고난과 치유

오마 카스타네다는 강력한 리더이다. 그는 여러 번의 설교를 통해 많은 재소자들을 예수님께 인도했고 영적 성장을 도와주었다. 어떻게 오마가 호세 마퀘즈를 도와줬는지에 관한 한 간증이다.

"진정한 부흥의 이야기" — 호세 마퀘즈

교도소에 오기 전 나의 생활은 그야말로 엉망진창이었다. 거리에서 마약매매를 하고 불법을 일삼았다. 딱 한 번 교회에 가서 예수님을 영접하는 기도를 한 적은 있었지만 그 후에도 내 삶은 변함이 없었다. 마약과 술을 마시며 심지어 아내를 구타하기도 했다. 그럴 무렵 아내의 외도를 알게 되었고 가출한 아내를 집에서 기다리는데 경찰이 들이닥쳐서 나를 교도소에 감금했다.

그러던 어느 날 라디오로 라틴 음악프로를 듣고 있는데 아내가 새 남자친구에게 보내는 사연을 듣게 되었다. 갑자기 극도로 우울해지며 자살충동을 느꼈다. 침대 시트를 찢어 내 목에 둘둘 감는 순간 감방 동료가 교도관에게 소리쳤고 나는 한 주 동안 자살 방지를 위한 병실로 옮겨졌다. 힘든 시간들을 보내며 집에 남겨진 아이들이 떠올라서 다시 삶의 의지를 가져봐야겠다는 생각이 들었다. 그러나 법정대기실에서 한 재소자와 다투다가 그가 내 목을 조르고 바닥에 내던지는 바람에 머리를 크게 다쳤다. 병원치료를 받은 후 A 동 1호 방에 수감되었고 그 곳에서 오마라는 한 형제를 만나게 되었다. 그는 나에게 하나님의 복음을 전하기 시작했고 나는 여전히 삶의 의미를 찾지 못한 채 하나님조차 나를 도울 수는 없다고 생각했다.

얼마 후 독방에서 메리 박스터가 쓴 『신성한 지옥계시』(A Divine Revelation of Hell)를 읽으며 마침내 영적으로 깨어났다. 살아계신 하나님을 믿게 되면서 독방에서 나온 후 일주일 내내 오마 형제가 하는 성경 공부에 참석했다.

그 때부터 하나님과의 새로운 관계가 시작되었다. 요한복음 3:16절과 갈라디아서 4:4~6절은 나에게 큰 영향을 주었다. 바울은 말했다. "내가 율법으로 말미암아 율법에 대하여 죽었나니 이는 하나님에 대하여 살려 함이라 내가 그리스도와 함께 십자가에 못 박혔나니 그런즉 이제는 내가 사는 것이 아니요 오직 내 안에 그리스도께서 사시는 것이라 이제 내가 육체 가운데 사는 것은 나를 사랑하사 나를 위하여 자기 자신을 버리신 하나님의 아들을 믿는 믿음 안에서 사는 것이라" (갈라디아서 2:19~20).

하나님의 은혜로 나는 자녀되는 권세를 얻고 기쁨과 평안을 선물로 받았다. "너희는 내게 배우고 받고 듣고 본 바를 행하라 그리하면 평강의 하나님이 너희와 함께 계시리라" (빌립보서 4:9).

이제야 왜 내가 많은 고난을 겪어야 하는지 이해하게 되었다. 그것은 바로 고난을 통해 하나님을 찾고 영생을 얻기 위함이었다.

23. 평안

오마 카스타네다는 예배시간에 설교를 했고 많은 재소자들을 예수님께 인도하고 영적 성장을 도와주었다.

"섬기는 기쁨" — 오마 카스타네다
나는 문신 아티스트로 15년 동안 피어싱을 했다. 아무 문제도 없는 것처럼 보였지만 마약매매를 하는 바람에 살던 아파트에서 쫓겨났다. 그럼에도 불구하고 그 일을 멈추지 않았다. 지역을 장악하고 독점판매를 통해 엄청난 돈을 벌게 되면서 내 인생은 승승장구했다. 그러나 2002년 나는 마약혐의로 기소되어 집행유예 선고를 받았으나 다행히 중형선고는 피할 수 있었다.

"주 예수님, 제 인생에 당신이 필요합니다."
2004년 4월 예수님을 영접한 이후 주님과의 동행이 시작되었다. 나는 15년 동안 마귀를 섬겨왔다. 이제 나는 앞으로 15년 동안 하나님을 섬기겠다고 결심했다. 이 15년이 지나면 마귀를 섬긴 15년과 하나님을 섬긴 15년 둘 중 어떤 15년이 더 좋은 것인지 결정할 수 있을 것이라 생각했다.

그 후 내 인생에는 엄청난 변화가 일어났다. 집과 가족을 잃고 10년 동안 사귄 여자친구와 이별했다. 그녀와의 사이에 두 딸이 있었는데 작은 딸은 엄마가, 큰 딸은 내가 맡기로 했다. 그리고 나서 교통사고로 폐에 혈전이 생기고 갈비뼈 세 개가 부러지는 일까지 겹치게 되었다. 그 당시 동거하는 여자의 여동생이 그녀의 남자친구에게 맞았다는 말을 듣고 그 남자를 혼내주려 찾아갔는데 나는 결국 살인을 저지르게 되었다. 하나님의 나를 향한 계획을 알고 싶었다. 그래서 나는 하나님의 인도를 구했다. 하나님은 사무엘하 24장 12절과 13절을 보여주셨다. 자수하든지 계속 도망가든지 결정을 내려야 했다. 하나님께서 말씀하셨다.

"네가 거리에서 마약을 팔 때와 같은 방법으로 나의 말을 선포할 것이다."

"제 인생은 당신의 손에 있습니다. 당신의 뜻대로 이루어 주소서."

나는 그 길로 자수했다. 거의 2년 동안 재판을 기다리며 하나님을 섬겨왔고 날마다 기쁘게 지내고 있다. 자살하려는 사람들을 도우며 분노와 혼란에 빠져 있는 이들에게 복음을 전했다. 성령님께서 나를 통해 일하셨다. 그들은 기쁨과 평안을 회복했다. 사람들은 나에게 묻는다. "어떻게 이런 곳에서 웃으며 이토록 기뻐할 수 있습니까?"

나는 그들에게 말한다. "제 인생에는 예수님이 계십니다."

그러므로 전도는 곧 나의 매일의 삶이 되었다. 하나님께서 주신 성경지식으로 나는 매주 세 개의 성경공부를 인도하였다. 나와 같은 상황에서 마귀의 거짓말로 인해 고통받는 이들에게는 이곳이 곧 치유받는 은혜의 장소임을 말해주었다. (골로새서 2:6~7, 디모데 후서 2:19~21).

어떤 것도 당신이 하나님을 섬기는 것을 막지 못하게 하라. 내가 말했던 것처럼 하나님을 섬기기로 한 15년은 아직 되지 않았지만 나는 다시는 마귀를 섬기지 않을 것이다 (요한계시록 20:10,15). 나는 여러분 모두를 천국에서 만나고 싶다.

"그러므로 아들이 너희를 자유롭게 하면 너희가 참으로 자유로우리라" (요한복음 8:36).

24. 은사

모니카는 다른 사람이 그녀의 차를 들어 박아서 교통사고로 인해 중상을 입고 다리 절단수술을 결정해야 하는 중요한 기로에 서게 되었다. 그 과정에서 그녀는 믿음이 자라서 꽃피우는 의연한 모습을 보여주었다. 결국 그녀는 자기의 다리를 절단하기로 결정했고 최악의 상황에서 자신의 문제가 아닌 하나님을 의지함으로 다른 이들에게 복음을 전했다. 그녀는 하나님으로부터 많은 선물을 받았다.

"내가 보는 것을 모든 사람들이 다 볼 수 있었으면 좋겠어요."

그녀는 우리가 기도하고 예배드릴 때 천사가 함께하고 있는 걸 보았다고 말해주었다. 그녀에게는 주님을 섬기려는 열정이 있었고 그로 인해 내게 기도를 부탁했다.

"예수님을 최선을 다해 섬길 수 있도록 나를 위해 기도해 주세요."

그녀는 항상 어떻게 하면 하나님을 기쁘시게 할까 집중했고 그것을 통해 나는 큰 감동을 받았다. 록키마운틴 신문사 기자가 나에게 인터뷰할 한 여성 재소자를 소개해 달라고 했을 때 하나님은 나에게 모니카를 떠올리게 하셨다. 그때 그녀는 몸이 아파서 병실에 있었고 조그만 창문을 통해 기자와 인터뷰 할 의사가 있는지 물어보았다. 그녀는 간증을 하겠다고 수락했고 나는 종이에 적어보라고 권했다.

두 시간 후 내가 다시 병실에 갔을 때 모니카는 몇 장의 종이를 건네주며 말했다. "간증을 쓰기 시작할 때 강력한 성령의 임재하심을 느꼈어요. 그동안 제가 받은 축복이 얼마나 많은지 깨달았어요."

그녀의 간증에는 강력한 기름부음이 있었다. 인터뷰가 시작되고 그녀가 입을 여는 순간 나는 주님의 임재를 아주 강력하게 느낄 수 있었고 그것은 결코 잊을 수 없는 영광스러운 순간이었다. 천국에 있다는 느낌이 들 정도로 성령님께서 그녀를 사용하셨다.

그녀를 만나게 하신 하나님께 진심으로 감사드린다. 교도소에서 그녀와의 만남은 내 자신을 포함하여 많은 다른 사람들에게 대단히 큰 축복이었다. 다음은 그녀의 간증문이다. 어떻게 하나님이 아픔과 고통 속에서 그녀를 인도하셨는지 소개한다.

"주님께 감사드린다" — 모니카 발데즈

혼수상태에서 깨어난 건 교통사고가 난 지 석달 후의 일이었다. 내가 기억할 수 있는 유일한 것은 한 남자와 함께 걸었던 꿈 뿐이었다. 나는 광란의 축제에서 혼자 걷고 있었는데 갑자기 장면이 바뀌어 아름답고 평화스러운 정원을 한 남자와 함께 거닐고 있었다. 그는 내게 곧 모든 것이 좋아질 거라고 말했고 나는 마음이 편안해졌다.

덴버 병원에서 깨어났을 때 나는 그 곳이 어딘지 알지 못했고 꼼짝할 수 없었다. 두 다리는 90퍼센트가 잘려져서 간신히 뼈에 붙어있었고 심한 출혈로 거의 사망직전까지 갔었다고 했다. 응급구조원들과 경찰은 내가 아직 살아있고 아이들이 다치지 않은 사실에 놀랐고 최대한 나의 다리를 구하려 노력했다. 다리 절단 수술에 동의할 사람이 없어서 절단하지 않았지만 사실 그것은 무의미했다. 중환자실에서 두 달을 더 보내며 다리를 절단하지 않겠다고 버텼다. 그때는 알지 못했다. 그 끔찍한 일들을 통해 내가 하나님께로 가게 될 것을.

나를 살려주신 것에 대해 감사했고 그것을 통해 주님은 사랑으로 나를 다시 세우셨다. 나는 아이와 같은 믿음으로 주님을 따르고 있을 뿐이지만 『최고의 성인들』과 성경을 읽을수록 이해가 깊어지고 날마다 영적으로 성장함을 느꼈다. 한번은 나의 길을 보여달라고 기도하자 하나님은 말씀하셨다.

"서둘러 너의 삶을 바꿔라. 시간이 없다. 네 자신을 구원하고 할 수 있는 대로 많은 사람을 구원해라."

하나님은 내 영안을 열어주시고 꿈과 환상을 통해 많은 것을 보여주셨다. 그들은 내가 보아온 것들 중에서 가장 아름답고 놀라운 것들이었다. 이제 나는 더 이상 예전의 내가 아니다. 이 글을 쓰고 있는 이 시간에도 내 옆에 와 있는 수호천사를 보고 있다. 나는 다른 사람들도 내가 보는 것을 볼 수 있기를 바란다. 내 곁에는 작은 천사의 손을 잡고 있는 큰 천사가 있다. 가까이에서 볼 수 있냐고 여쭙자 허락해주었다. 이 선물을 허락하신 하나님께 감사드린다.

나는 묻는다. "왜 저입니까?"

추수의 때에 나를 일꾼으로 부르신 것을 알고 있다. 모든 하나님의 자녀들에게 다정한 자매가 되어주길 바라시며 그 문들은 하나님이 직접 열어 주실 것이다. 지금 이 순간을 위해 주님께서 나를 준비시키셨음을 모두에게 말할 수 있다. 내가 경험한 일들을 나눌 때 수많은 영혼들이 구원받을 것을 확신했다. 나는 날마다 나의 소명을 조금씩 더 깨닫고 이해하기 시작했다. 앞이 보이지 않는 절망 속에서 아무것도 누릴 자격이 없다고 생각하던 과거에서 벗어나 영적인 전투에 앞장 서 싸울 것이다. 나를 부르신 하나님께 온전히 순종하기 위해 노력할 것이다.

"하나님 아버지, 저를 용서해 주세요. 주님은 살아계시며 제가 준비될 때까지 기다려 주셨음을 알고 있습니다. 감사합니다. 가족에게 나의 변화를 보여줄 수 있도록 기회를 주세요. 당신없는 나는 아무것도 아닙니다. 은혜를 베푸신 주님께 영광을 드립니다."

25. 구조

저스틴 렌지니는 부드러운 음성의 리더였다. 그녀가 자살하려는 재소자를 어떻게 도왔는지 그 이야기를 함께 나누고자 한다.

"나를 사용하신 하나님" — 저스틴 렌지니

1998년 1월에 나는 20년 형을 선고 받았다. 같은 시기에 비슷한 형량을 선고 받은 다른 이들은 2주 내에 형무소로 이감되었다. 그런데 두 달이 지나도록 영문을 모른 채 나만 여전히 아담스 카운티 교도소에 남아 있었다.

그 당시 나는 새롭게 다시 태어난 기독교인이었고 하나님의 말씀을 읽기를 갈망했으며 열심히 순종했다. 그래서 이동이 지연되는 데는 틀림없이 이유가 있을 거라고 생각했다. 그 날도 아침 일찍 성경을 읽은 후 말씀에 대해 이야기를 나누고 있는데 새로운 재소자가 자기 상자를 들고 내 옆방으로 들어갔다. 항상 사람들이 오가는 곳이라 아무도 신경 쓰지 않았다. 그런데 얼마 지나지 않아서 비명소리가 들려왔다.

"누군가 내 방에서 자살했어요!"

모든 사람들이 간수에게 도와달라고 비명을 지르며 우왕좌왕하는 사이 나는 그 방으로 달려갔다. 나는 심폐소생술과 응급처치술 클래스를 공부하고 자격증을 취득했었다. 이미 오래 전 일이라 유효기간은 만료되었지만 그날따라 수업내용이 생생하게 떠오르며 어떻게 해야 할지 생각났다. 그리고 두려워할 겨를도 없이 난 축 늘어진 여자에게 기억나는 대로 응급조치를 했다. 하나님이 그녀를 돕기 위해 나를 사용한 것이었다. 심폐소생술을 시행하려 할 때 한 간수가 들어왔다.

"여기부터 내가 처리 할게요. 이제 방으로 돌아가세요."
나는 그의 지시에 따랐고 자살을 기도한 그 젊은 여인을 위해 간절히 울면서 기도했다.

약 한 시간 후 그 간수가 내 방으로 왔다. 만약 내가 신속하게 응급조치를 취하지 않았다면 산소 부족으로 뇌 손상을 입었을 거라며 내게 감사의 뜻을 전했다.

그 말을 전해 듣는 순간 안도와 함께 울음이 터져 나왔고 하나님께 감사의 기도를 드렸다. 훗날 그녀의 자녀들을 사회복지시설에서 데려갔다는 소식을 듣고 절망해서 자살을 시도했다는 말을 들었다. 지속적인 상담 후에 지금은 행복하게 살고 있다는 반가운 소식도 들었다.

그 사건이 일어난 지 이틀 만에 나는 그 곳을 떠나 새로운 형무소로 이감되었다. 그것으로 내 이감이 왜 지연되었는지 하나님의 계획을 깨닫게 되었다.

나는 원래 용감하거나 적극적인 성격이 아니어서 내가 어떻게 그런 일을 할 수 있었는지 지금도 이해할 수 없다. 다만 성령님이 나를 통해서 일하셨다고 진실로 믿는다. 그래서 나는 모든 영광과 찬양을 그 여인의 생명을 구해주신 하나님께 드린다.

약 1년 반 후 나도 딸아이가 보낸 편지를 받고 나서 살고 싶은 맘이 사라졌다. 모든 걸 끝내고 싶을 때 하나님은 이 경험을 상기시켜 주셨고 내 곁에 나를 위로하고 나를 위해 기도해주는 고마운 이들을 보내주셨다.

힘들고 어려울 때 누군가 당신을 위해 기도하고 있음을 기억하기 바란다. 어느 날 자살충동이 극에 달았을 때 다른 사람이 나의 시체를 발견하는 게 끔찍하게 여겨져서 결국 실행에 옮기지 못했다. 자살은 당사자와 관련된 모든 사람을 아프게 한다는 것을 그때 깨달았다. 마귀는 사람들의 기쁨과 생명을 훔치고 파괴하기 위해 시시때때로 유혹한다.

이제 나의 형기는 9개월 정도 남았고 내 삶은 온전히 주님께 드렸다. 그 동안 어떻게 하나님이 나의 삶을 최고의 것으로 바꾸어 주셨는지 그리고 하나님이 나를 위해 하신 모든 일들에 대한 간증을 나누길 희망한다.

"자살을 생각하시는 분들이여, 부디 도움을 구하십시오. 당신과 함께 그리고 당신을 위해 기도할 사람을 구하십시오. 마귀에게 하나님의 선물을 빼앗기지 마십시오. 자살하겠다는 위협은 도움을 구하는 외침이라고 들었습니다. 주변의 그런 위협을 심각하게 받아들이시고 그 해결의 일부분이 되어주십시오. 당신이 할 수 있는 유일한 것이 기도 뿐이라면, 그 기도를 지금 해야 합니다."

26. 영감

나는 『예수님과 걷는 길』 작품의 표지를 그릴 사람을 오랫동안 찾고 있었다. 찰스 포크라는 재소자는 책의 표지는 물론 삽화를 그렸다. 그는 수감되기 전에 많은 그림을 그렸지만 영적인 그림을 그리는 것은 처음으로 시도하는 것이라고 말했다. 하지만 그에게는 놀라운 재능이 있었고 그의 그림들은 많은 사람들에게 영감을 주었다. 이것이 그의 그림들 중 하나이다.

그림: "십자가상의 예수님" — 찰스 포크

3부:
변화된 지도자들

수감되어 있는 동안 하나님을 만나고 변화된 사람들은 출소 후에도 사회에 큰 공헌과 영향을 미칠 수 있다는 것을 현장에서 직접 목격했다. 그들의 이야기를 소개한다.

1. 새 희망 사역 설립자
   (New Hope Ministries)

　용접공 루터 차베즈는 소년원 창틀 쇠막대를 설치하는 일을 맡게 되었다. 그가 소년원에서 작업을 하고 있을 때 그 모습을 무표정하게 지켜보던 아이가 있었는데 그는 바로 루터의 아들 레이였다. 가족을 부양하기 위해 열심히 일하는 아버지의 모습을 보면서도 레이는 아무 느낌도 없이 지나쳤다. 아버지 역시 아들 레이가 자신의 죗값을 본인이 감당해야 한다고 생각했기에 보석금으로 아들을 석방시킬 의향이 전혀 없었다. 아버지는 아들의 일로 상심하고 힘들어 했지만 처벌로도 레이는 변화 되지 않았다.
　그 소년 레이가 훗날 콜로라도 주에 있는 레이크우드시에서 술과 마약에 시달리는 사람들의 재생을 돕는 시설을 설립하여 큰 영향력 있는 영적 지도자가 될 거라고는 아무도 상상하지 못했다.

61세의 레이 차베즈 목사님은 1988년 덴버의 본인 아파트에서 부인 롤라와 함께 사역을 시작해서 지금은 수천 명이 출석하는 교회를 섬기고 있다.

38년동안 부인과 함께 사역하며 영혼구원과 삶의 회복을 목표로 삼은 레이 목사님은 예수님이 실제로 살아 계시다는 것을 세상에 보여 주었다. 이 교회는 술, 마약, 범죄조직, 교도소, 노숙, 파괴된 가정으로 고통을 겪고 있는 많은 사람들에게 소망을 주었다. 레이 목사님 역시 같은 아픔을 경험했으므로 그들과 공감하고 어떻게 벗어날 수 있는지 실질적인 제시를 할 수 있는 분이셨다. 중독으로 고생하는 이들을 돕기 위해 마약중독 회복센터를 시작했다.

레이 목사님의 간증이 『아주 작은 희망』이란 책으로 출판되어 치유가 필요한 사람들을 돕기 위해 교도소에 무료로 보급되고 있다. 새 희망 사역은 확장되어 뉴 멕시코 주에 있는 아레즈시에 교회 하나를 시작으로 콜로라도 주에 있는 오로라시와 쏠톤시에 각각 교회가 세워졌다. 마약중독 회복센타는 희망의 센터라고도 불리우며 믿음을 기초로 한 비영리단체이다.

나는 레이 목사님 교회에 초대받아 예배시간에 변화 프로젝트를 소개하고 그 교회의 재생원에 재소자들의 책이 출판이 될 때마다 전달해 주곤 한다.

예수님이 레이 목사님의 마음을 어떻게 변화시키셨는지 그리고 어떻게 그가 주님을 섬기라는 하나님의 부르심에 순종했는지 소개하는 강력한 이야기가 여기에 있다.

"발견한 희망" — 레이 차베즈 목사
나의 형 프랭크는 법적인 문제로 형무소에 갈 뻔한 일이 있었는데 하나님을 만난 후 간절히 기도해서 무죄선고를 받았다. 내가 여섯 살 무렵 형은 나를 교회로 데려갔고 어머니도 함께 다녔었다. 그러나 내가 아홉 살이 되던 해 어머니는 바람이 나서 도망갔고 급기야 부모님이 이혼하는 비극이 일어났다. 어린 나에게는 엄청난 충격이었다. 나는 거리에서 방황하며 술과 마약, 폭력으로 얼룩진 시간을 보냈다.

그 당시에 40세 아버지는 우리를 위해 재혼도 하지않고 열심히 일하셨다.

그것과 관계없이 나는 여전히 말썽을 피우며 교도소를 들락거렸다. 술과 마약은 끊을 수 없는 내 삶의 동반자였다. 그런 내가 처음으로 하나님을 만난 것은 스물한 살 때 캘리포니아에서 콜로라도로 오는 기차에서였다. 출소 후 목사님이 된 형 프랭크를 만나러 콜로라도주에 있는 브라이튼시로 오는 길이었다. 나는 주님의 임재를 체험했고 하나님께서 내가 살아온 길을 보여 주셨지만 아직도 내 삶을 그리스도에게 바칠 준비가 되어있지 않았다. 1973년 사망자가 발생한 교통사고를 내는 바람에 살인혐의를 받고 아담스카운티 교도소에 수감되었다. 그 때 주님은 내게 말씀하셨다.

"레이야, 네가 마음의 문을 연다면 나는 너를 자유롭게 할 수 있다."

그때 내 마음이 열려서 말씀을 읽으며 기도하기 시작했다. 술이나 마약을 하고 싶은 마음이 사라지고 오랜 시간 나를 속박하던 마약과 알코올 중독으로부터 자유함을 얻었다. 그것이 38년 전의 일이다. 하나님은 우리가 마음의 문을 열면 들어오셔서 모든 속박과 중독으로부터 우리를 해방시켜 주신다. 그후 보석으로 석방되었다가 다시 수감되고 2년 반 동안 소송 끝에 결국 풀려 나온 나는 23살때 목사가 되었다.

하나님의 은혜로 우리 3형제는 모두 목회의 길을 걸어가게 되었다.

2. ABC 사역 설립자
(ABC Ministries)

45세의 조지 메들리는 많은 전과기록을 가지고 있다. 그런 그가 회심 후에 한 일은 실로 놀라웠다. 그와 그의 부인 아이린은 메탈 무버 (Metal Movers Inc.) 라는 폐차와 관련된 사업을 하며 2년 전 에비씨 (ABC Ministries) 비영리 단체사역을 시작했다. 식품과 의류를 모아서 나누어 주는 일을 지원하며 매주 토요일에 넘버를 뽑아서 사람들에게 자동차 한 대를 무료로 주었다. 매달 약 천명의 사람들에게 음식을 제공하는 그의 사업은 직원 45명으로 연간 6백만불 이상의 실적을 올렸다. 그는 회사내에서 매주 22명이 참석하는 성경공부를 인도하였고, 100명 이상이 예배에 참석하는 교회를 세웠다.

조지의 장래 비전은 고아원을 설립하고 어려움에 처한 청소년들을 돕는 것이었다. 그의 간증은 마약으로 고통 받는 사람들에게 하나님께서 치유하실 수 있다는 희망을 주며 가난한 사람들에게는 소망의 씨를 심는 것이었다.

내가 조지를 만난 것은 아담스 카운티 교도소가 아닌 우연한 기회였다. 조지의 처 이모가 회사에 왔다가 내가 쓴 『치유, 사랑하는 이들을 잃은 사람들을 위하여』 책을 휴게실에서 발견하고 읽은 후 은혜와 감명을 받았다며 내게 전화를 걸어 오면서 우리의 만남이 시작되었다. 조지는 그 때부터 변화 프로젝트 후원자가 되었고 음식을 나눠줄 때 내가 쓴 책들을 함께 전해주며 문서선교를 확장시키고 있다. 조지와 아이린의 간증도 『최고의 성인에게는 불가능이 없다』에 실렸고 그후 조지는 많은 재소자로부터 그의 이야기를 읽고 은혜를 받았다는 격려의 편지가 쏟아져 들어오고 있다고 했다.

"선교계획서" — 조지 메들리 목사

나는 흑인이 밀집해 있는 지역에서 자랐다. 여섯 살이 되던 해 잭슨 목사님의 권유로 우리 가족은 모두 교회에 나가게 되어 하나님을 믿고 구원을 받았다.

그럼에도 불구하고 생활은 그렇지 못했다. 트럭을 운전하는 아버지는 술과 마약을 하며 늘 어머니와 싸우고 우리에게 폭언과 폭행을 일삼았다.

나는 12살 때 차를 훔쳐서 체포되었고 8학년 때는 아버지의 마약을 훔쳐서 친구와 같이 팔기 시작했다. 그러다가 들켰는데 아버지는 마약 판 돈의 절반을 요구했다.

나는 그 요구에 응하며 마리화나와 메탐페타민, 코카인 그리고 헤로인을 시작했다. 얼마 후 부모님은 이혼하시고 여동생은 고아원으로 보내졌다. 우여곡절 끝에 재결합을 하셨지만 나는 그때부터 본격적인 거리 생활을 시작했다. 노숙하거나 빨래방과 승합차가 나의 잠자리였다. 가끔 배가 고플 때는 식당에 가서 음식을 먹고는 돈도 내지 않고 도망가곤 했다. 때론 건설현장에서 잡역부로 일하는 경우도 있었는데 건물이 대충 지어지면 마무리 되지 않은 실내에서 잘 수가 있었다. 그러다 29살 때에 25세 아이린과 결혼했는데 그녀는 내가 마약을 하고 있다는 것을 몰랐다. 뉴멕시코 주에서 30년 형을 피해 콜로라도로 도망온 나는 종신형을 받을 상황이었다. 보석금으로 풀려나온 후 도망 다니다 결국 뉴멕시코 앨버커키에서 잡히고 말았다. 하나님은 그런 나에게 기적을 베풀어 주셔서 무죄로 풀려나와 자유인이 되었지만 완전히 변화된 상태가 아니었으므로 다시 예전 생활로 돌아가는 것은 오래 걸리지 않았다. 반복된 범죄를 저지르다가 무면허 운전으로 6개월을 아라파호 카운티 교도소에서 복역한 후 다시 6개월을 아담스 카운티 교도소에서 복역했다.

내가 아라파호 카운티 교도소에 있을 때 내 자신의 삶을 회상해 볼수 있는 기회가 있었다. 지난 하루 동안 나와 갈등이 있었던 12~13명의 얼굴을 떠올려 보았다. 그들은 모두 불량한 사람들이었지만 어떻게 그 사람들이 모두 잘못 할 수 있을까? 거울에 비친 내 자신이 싫었다.

며칠 후 자원봉사자가 감방에 들어와서 물었다. "교회에 가고 싶은 사람 있습니까?"

아무도 원하는 사람이 없었고 나 혼자 교회로 향했다. 접견실에는 나와 목사님뿐이었다.

"당신의 문제는 자신의 삶을 하나님께 완전히 드리지 않았기 때문입니다."

목사님은 내게 이렇게 말씀하셨고 나로 하여금 내 자신을 다시 생각하게 만들었다. 성경을 읽기 시작한 후 "내일 일을 염려하지 마라" 그리고 "먼저 하나님의 나라를 구하라" 하는 말씀들에 감동을 받았다.

"하나님의 나라를 구한다는 것은 어떤 의미인가?"

나는 궁금해졌다. 그때 하나님은 내가 살면서 지은 죄들을 TV화면 같은 환상으로 보여주셨다. 나는 하나님의 법으로 따지자면 유죄 판결을 받은 죄인이었다. 하나님께 나를 용서해 달라고 부르짖었다. 주님은 "성경공부를 인도하라"고 말씀하셨다. 성경에 대해 전혀 아는 것이 없었지만 그 말쏨에 순종하기 위해 모든 감방의 문을 두드렸다. 사람들에게 함께 성경공부를 하자고 요청하자 처음에는 5~6명이 참석하던 작은 모임이 20명까지 참여하는 제법 큰 모임이 되었다. 교도소 안에서 하나님을 섬기는 일이 시작되었고 그것은 내게 목적의식을 심어주었다.

"당신은 무엇 때문에 이런 곳에서 행복해 하는 거죠? 정말 기쁨이 넘쳐 보이는군요." 엘리베이터 앞에서 만난 남자가 말을 걸었다.

"네, 저는 성령님 때문에 기쁩니다."

ABC 사역은 훗날 가난한 사람들과 어려움을 당하는 사람들을 돕기 위해 세운 계획이지만 출소할 때까지 기다릴 필요가 없겠다는 생각이 들었다. 교도소 안에도 가난한 사람들이 존재했기 때문이다. 나는 교도소 안에서 산 물건을 돈이 없어 아무 물건도 살 수 없는 사람들에게 나눠주기 시작했다. 하나님은 나에게 동정심과 관용 그리고 믿음의 선물을 주셨다.

결국 나는 예수님께 보내는 편지형식으로 40장의 선교계획을 세웠다. 18세의 룸메이트에게 성경말씀과 그 선교계획서를 날마다 읽어주었다. 어느 날은 두 시간이 걸리기도 했지만 나와 룸메이트에게는 엄청난 영향을 미쳤다.

선교계획 내용 중의 하나는 "저의 어리석은 말을 멈추게 도와주소서"하는 것이었기에 내가 하는 말에 조심하기 시작했다. 한번은 나도 모르게 욕을 하고 있을 때 하나님께서 나에게 욕을 멈추라고 하셔서 얼른 입을 다물었다. 그러나 화가 날 때 나는 마음 속으로 욕을 하고 있었다.

하나님은 내게 온전한 순종을 원하셨다. 전능하신 하나님은 내 마음속의 생각도 읽으실 수 있기 때문에 나는 안과 밖을 모두 깨끗이 해야 했다. 그것은 나에게 새로운 계시였다. 결국 나는 내 마음속에서도 욕을 멈출 수 있었다.

예전에 조울증과 정신 분열증으로 정신병원에 입원한 적이 있었는데 그뒤로 의사의 처방에 따라 많은 양의 약들을 복용해야했다. 게다가 16년동안 메탐페타민과 코카인, 헤로인을 사용한 나는 하나님을 믿기 시작한 후 어떤 마약이나 약물도 단호히 끊기로 결심하고는 약을 배달하는 손수레가 나타났을 때 거절용지에 서명했다.

그러나 원래 충동적이고 예상하기 힘든 내 행동 때문에 내 별명은 시한폭탄이었다. 그래서 교도관들은 내가 약을 먹지 않으면 문제가 되리라고 생각하고 걱정했지만 나에게는 약이 필요한 것이 아니었고 단지 내 마음을 새롭게 할 필요가 있었기에 약 없이 새로운 삶을 감당할 수 있었다.

하나님을 섬기기 시작한 후, 너무 오랜 시간 헛된 것을 위해 낭비했다는 자책감에 시달려서 괴로웠다. 주님을 섬기려면 완벽해야 한다고 생각했기 때문이다. 하지만 이것은 마귀의 거짓말이다. 마귀는 하나님을 섬기는 것을 막으려고 과거의 죄악들을 생각나게 하여 실망하고 포기하도록 만들기 위해 노력한다. 하루는 이런 마음을 한 남자와 나누었을 때 그가 격려의 말을 했다.

"하나님의 변화 프로젝트는 이제부터 시작입니다. 그분은 우리가 완전하지 않아도 사용하실 수 있습니다."

그 말은 내게 큰 용기를 주었다. 헤리티지 기독교인 센터 (지금은 토기장이의 집이라고 한다)에서 재소자들에게 편지를 쓰는 교도소 사역에 참여하기 시작했지만 그런 가운데서도 나는 계속 후회와 죄책감으로 고통을 받았고 힘들었다. 하나님은 나를 용서하셨지만 나 스스로는 용서하기가 어려웠다. 그러던 중 데니스 레오나드가 쓴 『저의 과거로 저의 미래를 판단하지 마세요』라는 책을 읽으며 과거로 인해 고통 받고 좌절하기 보다는 하나님 섬기기에 집중하며 오늘을 살기로 결정했다.

나는 출소 후 처음으로 번돈 천불을 선교헌금으로 내겠다고 하나님께 약속 드렸다. 그 약속을 지키기까지 시간이 좀 걸렸지만 선교헌금을 드릴 수 있게 되었을 때 무척 기뻤다. 그러나 한동안 나의 재정은 좋아지지 않았고 계속 경제적으로 부족한 상황이 계속되었다. 실망이 찾아올 때마다 좌절하고 않고 기도했다.

"하나님, 마귀를 쫓아주세요. 나는 선교 활동을 멈추지 않고 포기하지도 않겠습니다."

내 자신을 온전히 주님께 드리기 전까지는 마약을 하고 마약매매로 번 돈을 헌금하고 그 돈으로 가난한 사람들에게 음식을 나누어 주었다. 심지어 설교시간에 코카인을 흡입하기 위해 화장실로 갔다. 예배가 끝날 때까지 기다릴 수 없었기 때문이다. 그래서 이번에는 과감하게 담배와 술, 마약을 끊었고 다시는 입에 대지 않았다.

사업을 운영하기 위해 건물을 빌리는 일은 처음부터 쉽지 않았다. 당시 내가 그 정도의 신용이 있음을 증명할 방법이 없었기 때문이다. 그 건물 주인은 유대인이었고 내가 써낸 이력서를 읽는 30분 동안 도저히 내가 건물을 빌릴 수 없다는 것을 알았다. 내가 가진 것은 화려한 전과 기록뿐이었다. 내게는 그 흔한 추천서 한 장이 없었다.

"당신이 지금 읽고 있는 사람은 내가 아닙니다. 그것은 전에 내가 하나님을 만나기 전에 일입니다. 하나님께서 나를 새사람으로 만드셨습니다."

나는 그에게 하나님께서 어떻게 나의 삶을 바꾸셨는지 간증했다.

"내가 다니는 교회의 목사님께 전화해 보시고 내가 어떤 사람이라는 것을 물어 보십시오."

그는 전화를 걸어 목사님과 통화했다.

"나는 내 건물을 조지에게 맡깁니다. 당신도 그에게 건물을 맡겨도 후회하지 않을 것입니다."

나는 그 건물을 임대하게 되었다. 교회를 세운 후 시간이 날 때마다 가가호호 방문하여 그들을 초청한다. 어느 날 성령님이 나를 어떤 집을 방문하도록 인도 하셨고 그 음성에 순종한 결과 그들을 전도할 수 있었고 그들은 교회에 출석하기 시작하면서 나머지 가족들도 데려왔다. 우리는 하나님의 음성을 들을 수 있도록 마음의 귀를 여는 것을 훈련을 해야 하고 그 음성을 순종할 수 있어야 하다.

8학년의 학력이 전부이며 몇 번의 전과기록을 가진 내가 전에는 다른 이들에게 부정적인 영향을 미치는 사람이었다면 이제는 하나님의 은혜로 새 삶을 살고 있다는 메시지를 전하며 긍정적인 영향을 미치는 사람으로 변했다.

원망과 분노로 가득했던 부모님에 대한 마음도 하나님을 만나서 용서하게 되었으며 지옥같은 삶에서 소망을 가지려면 주님이 필요하다는 소중한 교훈도 얻었다. 이제 나에게 가장 중요한 것은 영혼을 구원하는 것이다. 지혜로운 사람은 영혼을 얻는다는 말씀을 기억하며 하나님께 지혜를 구했다. "하나님, 감사합니다."

하나님은 사역에 필요한 모든 자원과 도움의 손길을 공급하시며 내가 이 일을 혼자 할 수 없다는 것을 가르쳐 주셨다. 내 아내는 나를 돕는 내 삶의 등대이며 배를 조정하는 닻이 되었다. 하나님의 자비를 가르쳐준 아내 아이린에게 고마움을 전한다.

"우리 가운데서 역사하시는 능력대로 우리가 구하거나 생각하는 모든 것에 더 넘치도록 능히 하실 이에게" (에베소서 3:20).

3. ABC 사역 관리자

　ABC 사역을 운영하는 아이린 차베즈는 조지 메들리의 부인이다. 그녀는 술이나 마약과는 거리가 먼 사람이었지만 남편 조지가 중독으로 고생하고 교도소를 들락거릴 때 눈물과 한숨의 세월을 보냈다. 출소 후 새로운 성공적인 삶을 살게 된 이들의 뒤에는 반드시 그들을 믿어준 누군가가 존재한다. 대부분의 재소자 가족은 고통속에서 절망하지만 아이린은 어려운 가운데서도 계속해서 그를 위해 기도하고 지원을 아끼지 않았다.

　지역사회와 리더십에 있어서 조지의 성공적인 변화는 하나님의 은혜이고 아이린의 헌신 그리고 눈물의 기도응답이라고 생각한다.

　"후회는 없다" — 아이린 차베즈

　42세의 나는 어린 시절 평범한 가정에서 많은 사랑을 받으며 성장했다. 어머니 마리아는 나의 가장 좋은 친구였고 나에게는 평화를 위한 중재자가 되라고 말씀하셨다. 군인이었던 의붓아버지 피터는 나에게 다른 사람을 존중하라고 가르쳤다. 어릴 때부터 하나님을 믿은 나는 악몽을 꿀 때도 예수님께 도움을 청하면 벗어날 수 있다는 것을 배웠고 실제로 하나님이 존재하는 것을 알게 되었다. 고등학교 졸업 후 마케팅과 그래픽 디자인 분야에서 학위를 받고 상업 예술가가 된 나는 뉴멕시코 앨버커키에서 사는 동안에 "데이빗"이라는 남자를 만나서 2년 동안 데이트 하다가 결혼했다. 결혼한 후에도 나는 부모님의 성을 따르고 있어서 그의 비밀에 대해 알아차리지 못했다.

"아버지에게 두 개의 이름이 있는 거 알아요?"

데이빗과 전처와의 사이에서 난 아들 조지가 나에게 말했다.

남편이 집에 왔을 때 나는 물었다. "당신, 이름이 두 개야?"

"아이들이 지어낸 말들을 믿어?" 그는 부인했고 나는 그냥 지나쳤다. 그는 위장의 달인인데다가 이전에 마약하는 사람을 본 적이 없어서 그의 증상을 알아차리지 못했다. 그저 술을 많이 마시기 때문에 몸이 아플 뿐이라고 생각했던 것이다. 그런데 어느 날 나는 책상 위의 돈더미와 차고에 있는 냉장고 안에 가득찬 마리화나를 보고 깜짝 놀랐다. 그제서야 차고에 있는 모든 캐비닛에 왜 자물쇠가 채워져 있는지를 알게 되었다.

결혼한 지 3년 후 데이빗은 체포되었고 경찰은 그의 본명이 조지라고 알려주었다. 그 때부터 그는 교도소를 드나들기 시작했다. 하루는 조지가 경찰과 헬리콥터에 쫓기는 장면을 TV 뉴스에서 본 가족들이 놀라서 전화를 걸어왔다. 그는 연방수사국에 의해 수배를 받고 있었다. 나는 그에게 무슨 일이 일어나고 있는지 몰랐기 때문에 경찰이 와서 나를 체포했을 때 공황상태에 빠졌다. 그뒤에 무죄임이 밝혀져서 풀려났을 때도 엄청난 정신적인 충격속에서 한동안 헤어날 길이 없었다.

그는 쉬지 않고 문제를 일으켰고 모든 일들은 순식간에

일어나서 어떻게 수습할 겨를도 없을 정도였다. 게다가 감정조절에 문제가 있어서 사람들과 주먹다짐을 하는 횟수도 점점 늘어났다. 자기를 쳐다보기만 해도 시비를 걸어서 폭력을 행사하는 바람에 문제가 끊이지 않았다.

가끔씩 그는 6일 동안 깨어있다가 7일 동안 계속 잠을 자기도 했다. 하루에 두 번씩 깨워서 음식을 주었고 곧 다시 잠이 들었다. 황달증세로 병원에 갔으나 문이 닫혀 있어서 그를 데리고 모텔로 갔다. 그를 돌보려면 차라리 그가 정신을 잃는 편이 나을 것 같았다.

"주님, 여기에 머물 수 있도록 그가 의식을 잃게 해주세요. 그래야 더 이상 문제를 일으키지 않고 그를 돌볼 수 있을 것 같아요."

나는 간절히 기도하면서 화장실을 다섯 번이나 들락거렸다. 그는 온 정신이 아니라서 내가 화장실을 자주 가는 것도 몰랐다. 그는 마침내 의식을 잃었다. 식사시간이 되면 그를 깨워서 음식을 먹였다. 그런 뒤엔 또 다시 잠이 들었다.

내가 할 수 있는 것은 기도뿐이었다. 이렇게 12년을 살았다. 모텔과 여행용 차량으로 전전하며 음식을 주고 돌보았다. 나는 차마 그의 곁을 떠날 수가 없었다. 내가 떠나면 그가 마약 과다복용으로 죽거나 자살하거나 아니면 살인을 저지를 거라는 생각이 들었기 때문이다. 한 번은 너무나 지쳐서 그를 떠나야겠다고 마음을 먹었다. 그때 나의 어머니가 말했다. "네가 그의 인생에서 최악의 시간에 떠난다면 후에 너는 네 자신을 결코 용서하지 못할 거야."

그래서 나는 하나님께 기도했다. "주님, 나는 그를 돌보겠습니다. 떠나도 그가 치유되었을 때 떠나겠습니다."

조지는 출소하자마자 곧장 술집으로 가서 싸움을 하는 바람에 다시 체포되었다. 한 달에 네 번 체포된 적도 있었다. 또 한번은 그가 우리 개를 데리고 드라이브를 갔는데 혼자만 돌아왔다. 나는 가서 그 개를 찾아야 했다.

내가 알게 된 것은 마약과 알코올 중독자들은 계속 거짓말을 한다는 것이다. 심지어 그는 자신이 가는 곳까지 거짓말을 했다. 잠깐 나갔다 온다고 해 놓고서 몇주 후에 돌아온 적도 있었다. 나는 화를 낼 겨를도 없이 그저 살아 돌아온 것이 고마워서 밥을 챙겨주곤 했다.

"주님, 저는 외로운 게 싫어요. 그가 더 이상 저를 이렇게 대하지 않도록 도와주세요."

그런 일을 겪을 때마다 울면서 이렇게 기도했다. 그러던 어느 날 나는 큰 얼굴과 눈과 코의 일부를 보게 되었다. 그 후로는 나를 위로하시는 하나님의 사랑을 느끼게 되었고 더 이상 외로움으로 힘들어하지 않게 되었다.

"네가 가정을 믿음으로 지켜야 한다. 실망하지 말고 계속 조지를 위해서 기도해." 조지의 누나는 나에게 영적인 조언을 아끼지 않았다.

"주님, 이 모든 힘든 경험이 조지와 나에게 유익이 될 수 있게 해 주세요. 조지를 예수님같이 만들어 주세요. 아니 조지를 예수님과 같이 만들어 주셔서 감사합니다." 그때 나는 그것을 반복해서 크게 외쳤다. 미리 감사하며 기도하는 것은 나를 치유했고 믿음을 굳게 했지만 동시에 부정적인 음성도 들려왔다.

"그것은 네가 말한 것 중에서 가장 큰 거짓말이다."

그래도 나는 큰 소리로 선포했다.

"예수님, 조지를 당신처럼 만드셔서 감사합니다." 나는 계속해서 선포했다. 장래의 비전을 볼 능력이 없었던 나에게 시누이는 계속 용기를 주었고 나는 기도를 멈추지 않았다. 말씀을 읽어주고 찬양을 들려주고 머리에 손을 얹고 기도하는 삶을 몇년 동안 살았다. 감당할 수 없이 힘든 삶이 이어질 때 그는 다시 교도소에 수감되었다. 그 시간이 마치 내게 휴식처럼 느껴질 정도였다.

언제나 경찰이 불시에 들이닥쳤고 그는 늘 누군가와 충돌하고 다녔다. 말할 수 없는 공포와 스트레스 속에 생일이나 결혼기념일 같은 것은 의미가 없이 지나갔다.

2005년 교도소에 면회 갔을 때 그가 나에게 놀라운 질문을 했다.

"잘 지내니?"

그가 변한 것이다. 이제 하나님을 섬기기로 했다면서 출소 후 천 불을 헌금하겠다고 내게 말했지만 처음부터 그 말이 믿겨진 것은 아니었다. 내게도 그의 변화를 믿을 만한 시간이 필요했다.

"나 잠깐 상점에 갔다 올게."

그런 말을 하고 나갈 때 마다 그는 마약을 찾으러 갔고 금방 돌아오지 않았다.

그런데 그는 사라지지 않았고 잠시 후 돌아왔다.

"이제 나는 모든 일들을 잘 처리할 수 있어."

"하지만 당신은 내게 긴 세월 동안 힘들게 한 것에 대해 한번도 사과하지 않았어."

"그래, 미안해."

"그게 다야? 나에겐 더 이상 우리가 함께 하는 삶이 의미가 없어."

"당신은 이제 나를 사랑하지 않아?"

"나는 당신이 죽을까 봐 기다려준 거야."

그는 자신이 모든 것을 해결할 수 있다고 말했다. 나는 지쳤고 그가 치유되면 떠나겠다고 하나님께 말씀 드렸기에 이제는 그 때가 된 거라고 생각했다.

내가 트럭을 타고 떠나려고 할 때 예기치 않은 음성이 두 번이나 들려왔다.

"조지는 너의 적이 아니야."

나는 그 음성이 주님으로부터 왔다는 것을 알았다.
'조지는 나의 적이 아니다. 마귀가 나의 적이다. 조지는 오랫동안 마귀에게 이용당했다.'

순간 마음의 변화가 생기며 발길을 안으로 돌려서 그에게 갔다. 내가 들은 하나님께 들은 말씀을 조지에게 전하면서 "모든 것이 좋아질 거야"하고 말했다.

그가 변화했다는 것을 믿기까지 거의 일 년이 걸렸다. 그는 마약을 할 때 부드러웠기 때문에 달라진 후의 그의 부드러움에 혼란이 왔다. 그 분별을 위해 항상 긴장할 수 밖에 없었다.

"마귀야, 물러가라. 조지는 하나님의 사람이 되었다."

오랜 시간이 지난 후 그를 신뢰할 수 있었다.

내 이름 "아이린"은 "평화스러운"이란 뜻이다. 그것은 마치 하나님께서 나를 보호하시기 위해 부드러운 거품으로 보호하시는 것처럼 보인다. 나에게 조지는 사랑을 베풀어주어야 할 대상임을 알게 해 주셨다.

"사랑은 오래 참고 사랑은 온유하며 시기하지 아니하며 사랑은 자랑하지 아니하며 교만하지 아니하며 무례히 행하지 아니하며 자기의 유익을 구하지 아니하며 성내지 아니하며 악한 것을 생각하지 아니하며 불의를 기뻐하지 아니하며 진리와 함께 기뻐하고 모든 것을 참으며 모든 것을 믿으며 모든 것을 바라며 모든 것을 견디느니라. 사랑은 언제까지나 떨어지지 아니하되" (고린도전서 13:4~8전반부).

하나님은 조지를 사랑하셨고 나를 통해 그 사랑을 나타내셨다. 조지는 대인관계에 많은 어려움을 갖고 있었지만 지금은 사람들을 사랑하게 되었다. 오직 주님만이 사람의 마음을 바꾸실 수 있다.

4. 열린 문: 조폭대안단체 설립자
(Open Door: Youth, Gang Alternatives)

레온 켈리 목사님은 58세이다. 1987년에 "열린 문"이라는 비영리단체를 설립하여 덴버시에서 가장 오래된, 범죄조직에 대항하는 프로그램이다. 이 기관의 사명은 범죄 조직원 모집을 억제하고 거리의 폭력 조직을 줄이려고 학교 내와 방과 후 프로그램들, 아이들 양육 수업들, 십대들의 고용과 직원훈련, 피해자 가족 지원, 지역사회 계몽 등을 포함한 다양한 활동들을 통해 아이들과 접촉한다.

방과 후 프로그램은 6세~14세인 약 200명의 어린이들을 돌보고 있다. 학생들에게 자기절제와 자기개발을 특히 강조하고 인성교육뿐만 아니라 학업도 도와준다. 아이들이 부정적인 환경에 노출되었을 때 긍정적인 선택들을 하도록 최선의 노력을 하는 프로그램이다.

미국은 전 세계에서 가장 재소자 인원이 많은 국가이기 때문에 특히 켈리 목사님의 사역은 중요하다. 성장 과정에서 아버지의 역할은 상당히 중요한데 오늘날 아버지의 부재로 인해 안전과 보호, 양육 등 많은 어려움이 발생한다. 아이들은 그 결핍을 거리의 잘못된 사람들로부터 채우려고 하기 때문에 잘못된 환경에 노출되고 범죄로 연결된다.

그래서 켈리 목사님은 그런 아이들의 아버지가 되고자

노력하고 있다. 그는 일반인과 아이들을 대상으로 범죄 조직에 가담하는 것의 위험성과 중독, 전과자의 삶으로부터 벗어나는 것에 대해 교육한다. 켈리 목사님의 사무실에는 폭력 사건으로 죽음을 맞이한 젊은이들의 명단이 비치되어 있다. 2011년 6월 18일 현재 그가 사역을 시작한 이래로 996명이 되었다. 어떤 때에는 한 주에 두세 명의 젊은이들을 땅에 묻었다. 이런 비극을 통해서 힘든 시간을 보내는 유족들을 돕는 것을 사명으로 여기며 사역을 이끌어갔다.

2010년 켈리 목사님은 지역사회와 아동들을 위해 헌신한 노력을 인정받아 콜로라도 주지사로부터 사면을 받았다. 그의 노력으로 어린 나이에 폭력 사건으로 희생된 아이들부터 범죄 조직과 관련해서 범죄행위에 연루된 수많은 아이들이 도움을 받았다. 나는 앞으로도 그의 사역이 많은 사람들에게 도움을 줄 거라고 믿는다.

2007년 성령님께서 나에게 켈리 목사님이 간증을 써야 한다고 말씀하셨다. 그래서 그분에게 간증책을 쓰라고 권면했는데 다른 일로 분주해서 그렇게 하지 못하셨다. 이 책을 준비할 때 성령님께서 켈리 목사님의 간증을 넣으라고 하셔서 인터뷰를 하고 이 간증이 나오게 되었다. 그분의 간증을 통해서 하나님께는 영광이 되고 읽는 사람들에게는 믿음이 성장되고 삶에 대한 격려가 있기를 바란다.

"나의 이야기" — 레온 켈리 목사

나의 할아버지와 아버지는 목사님이셨고 내 어머니는 사모이자 선교사였다. 장남인 내게 아버지는 근면성실을 강조하셨고 직업윤리의 중요성을 심어주셨다.

아버지는 지역사회에서 기둥과 같은 분이셨지만 목회의 어려움을 바로 옆에서 경험한 나는 목사가 되고 싶은 마음은 전혀 없었다. 그래도 일주일에 서너 번씩, 주일에는 온종일 교회에 있었다. 나와 하나님과의 관계가 내 인생에 가장 큰 부분을 차지했다. 덴버에 있는 이스트 고등학교에서 농구와 미식축구를 했고 콜로라도 주립대학으로 진학했는데 그 때부터 나는 새로운 세계에 무방비로 노출이 되었다. 술과 마약, 여자에 대한 탐욕으로 무너지기 시작했다.

그래도 무사히 졸업을 하고 야구도 하면서 마약과 더불어 내 인생이 흘러갔다. 어느 날 도심에 있는 내 펜트하우스 발코니에 서서 생각했다.

"삶의 의미가 무엇인지는 모르지만 알고 싶다."

그런 의문을 계속 가지면서도 여전히 나는 마약매매도 하고 마약을 사용했다. 그런데 하나의 사건이 계기가 되어 내 삶에 대해 심각하게 생각하게 되었다. 마약을 사고 돈을 주지 않은 사람에게 위협을 하다가 실수로 총을 쏘았는데 그의 앞이마에서 흐르는 피를 보는 순간 공포가 엄습했다. 내가 살인을 할 수도 있겠다는 생각을 하며 충격에 빠져 있었는데 결국 나는 체포되었다. 보석으로 풀려났지만 끝내는 유죄판결을 받았다. 일말의 기대감이 있었지만 한편으로는 가슴이 터질 듯한 느낌으로 형무소에 가게 되었다. '대학교육까지 받은 농구선수였던 내가 범죄자가 되다니?' 내 스스로가 믿어지지 않았다. 테리토리얼 형무소에 도착한 후 농구선수 전력과 마약판매자로 소문이 나 있었기 때문에 나를 찾는 사람들이 많아졌다. 나는 내 방에서 마약을 팔았다.

면회 온 어머니는 처음으로 내 앞에서 눈물을 보이셨다. 순간 영혼이 찔리는 듯한 고통이 엄습했다.

"어머니 죄송합니다."

"미안하단 말이 나오냐? 정말 마음이 아프구나."

"변하고 싶은데 정말로 무엇을 어떻게 해야 할지 모르겠어요."

"나에게 말한 것처럼 하나님께 말씀 드려라."

마약을 파는 내 자신을 과연 기독교인이라고 할 수 있을까? 내 안에서 의문과 혼란이 밀려왔다. 그러던 중 교도소에 있던 한 남자가 강간과 살인을 당하는 것을 보며 큰 충격에 빠졌다. 내가 이들을 위해서 할 일은 없는가?

나는 하나님이 내 안에서 역사해 주시기를 기도했다. 계속 기도하자 내 어깨를 짓누르던 무거운 죄의식에서 벗어나 홀가분해졌고 하나님께 구하라는 어머니의 조언은 내게 큰 변화를 가져왔다. 나는 마약 판매를 중단하고 성경공부를 인도하기 시작했다.

단 네 명으로 시작한 성경공부는 사십 명으로 늘어났고 시간이 흐르며 나의 진심을 알아주는 재소자들이 많아졌다. 하나님은 이 일을 위해 나를 준비하고 계셨다.

하나님의 말씀을 더 배우기 위해 통신 성경공부 과정을 시작했다.

"나는 누구이며 내게 무슨 힘이 있는가?"

문득 내 자신에게 묻게 된 어느 토요일 통제소로 불려갔고 짐을 싸라는 말을 들었다.

"이제 여기서 떠나십시오."

기대하지 못했던 가석방 후 집에 돌아와서 숨겨두었던 코카인 한 상자를 땅에 뿌리며 선포했다.

"마귀야, 이제 너를 예수님의 이름으로 꾸짖는다. 너는 더 이상 내게 아무런 힘이 없다."

그렇게 내 인생의 마지막 전환점을 맞이한 후 전과자로서 현실적인 상황과 직면해야 했다. 아무리 성실하게 면접에 임해도 전과기록은 모든 것을 바꾸어 놓았다.

포기하고 싶은 날도 있었지만 쉬지 않고 도전했다. 그리고 방법을 바꾸기로 했다. 면접관에게 나의 생각을 허심탄회하게 털어놓은 것이다.

"내가 어떤 사람인지 당신이 판단할 기회를 드리고 싶습니다. 나의 가치와 능력을 입증할 만한 기회를 주십시오. 2주 동안 무료로 일하며 보여드리겠습니다."

회사는 나의 말에 동의했고 다음 날부터 출근시간은 여덟 시였지만 매일 아침 일곱 시 반에 회사에 도착해서 가장 늦게까지 일했다.

"켈리씨, 잠깐 봅시다."

일주일 후 나는 호출을 받고 간 자리에서 채용되었다는 기쁜 소식을 들었다. 그뒤 한 달도 안 되어서 나는 그들의 신용을 얻어서 감독이 되었다.

1984년 범죄조직들이 캘리포니아 주에서 콜로라도 주로 이동하기 시작했다. 그때 크립스라는 조폭 (범죄조직이름)이 덴버시의 동쪽으로 왔고 블럿스 (범죄조직이름)라는 조폭은 시내의 동쪽에 있는 파크힐로 왔다. 그당시 나는 지역 체육관에서 지도자로 일하면서 많은 범죄조직원을 포함한 동쪽 지역에 젊은이들과 친분을 쌓고 있었다.

그래서 이번 일의 심각성을 알게 된 나는 캘리포니아 주에 있는 로스엔젤레스시로 가서 그 실태를 파악하고 덴버시로 돌아왔다. 어떻게 대비 할 것인가로 시장, 시의원들과 함께 대책을 세우길 원했다. 그러나 그들은 당장 일어나지 않은 일에 대해 공포분위기를 조성하거나 불안감을 야기하고 싶지 않다며 시간을 두고 지켜 보자는 의견이 대세였다.

그러나 사태는 생각보다 빨리 악화되었다. 처음에는 단순히 겁주기 위해 공포탄을 쏘던 그들이, 시간이 흐를 수록 사람들을 겨냥했고 아이들이 죽어갔다. 그제서야 관계자들은 사태의 심각성을 깨닫고 나를 찾았다. 나는 하나님께서 이 일을 하도록 나를 준비시키셨음을 깨닫게 되었다.

4부:
교도소와 문서 선교 회상

1. 눈물

교도관의 부탁으로 밤낮없이 우는 재소자를 만나게 되었다.

"무엇이 이토록 당신을 힘들고 아프게 하나요?"

"나는 이제 곧 나가지만 갈 곳이 없어요."

나는 그에게 몇 개의 노숙자 쉼터들의 이름을 알려주었지만 인원에 비해 공간이 턱없이 부족해서 들어갈 수 있는 확률은 낮았다. 수감 전에 노숙자였던 그는 다시 그 생활로 돌아가는 것에 대한 두려움이 컸다.

나 역시 마음이 아팠다.

예전에 콜로라도 덴버의 노숙자 쉼터인 "선한 사마리아인의 집"에서 자원봉사를 하고 있을 때 보니 수용인원은 400명 정도였는데 매일 밤 100명의 사람들을 한 방에서 자게 한다. 그 인원이 100명을 넘으면 더 이상 사람들을 받을 수가 없는데도 여전히 밖에는 줄을 서서 기다린다.

나는 갈 곳이 없는 많은 재소자들이 다시 결국 교도소로 돌아온다는 것을 알게 됐다. 노숙자들에게는 형무소가 길에서 자는 것보다 안전한 곳이다. 이것은 정말 슬픈 일이다.

2. 정신병 환자들

교도소에서 일하기 전까지 정신병 환자들이 얼마나 힘들고 고달픈 삶을 사는지 이해하지 못했다. 신학생 시절 푸에블로시에 있는 산 카를로스 형무소에서 예배를 인도하는데 그 곳은 정신질환을 앓고 있는 재소자들이 있는 곳이었다.

"나는 그들을 보호하기 위해 이 곳에 데리고 있다."

예배중 하나님의 말씀을 들으며 나는 도저히 믿어지지 않았다.

"왜요? 왜인가요 하나님? 어떻게 그들에게 집보다 형무소가 더 안전할 수 있습니까?" 나는 울음을 멈출 수 없었다.

덴버 여자 형무소에서 한 여자를 만났는데 그녀는 하루 종일 변기의 단추를 누르고 있었다. 그렇게 하면 샤워를 할 수 있다고 생각하는 모양이었다. 물이 흥건한 바닥을 보며 안타까운 마음을 감출 길이 없었다. 나는 많은 재소자들이 교도소에 올 것이 아니라 정신병원 같은 곳에서 특별한 치료를 받아야 한다는 것을 알게 되었다.

3. 임재

"이것은 마치 적그리스도의 도장 같아요. 당장 바꿔주세요."

교도소 병원에서 만난 재소자는 자신의 성경 첫 페이지에 찍힌 교도소 도장을 가리키며 화를 냈다.

"이것은 적그리스도와 아무런 상관이 없습니다. 이곳에 있는 성경은 교도소의 소유이기 때문에 도장이 찍혀있는 겁니다."

사고 후 뇌장애가 있는 사람이라는 설명을 듣고 나서 도장이 없는 성경을 구해주었더니 잠잠히 받아들였다. 간단하고 쉬운 일에도 누군가의 설명과 도움이 필요했던 그에게는 친절한 룸메이트가 있었다.

그 방에서 하나님의 강력한 임재를 느꼈고 우리는 할 수 있는 최선을 다해서 그를 도왔다. 그러나 그 방을 떠나며 마음이 아팠다, 그는 교도소가 아닌 전문적으로 치료를 맡아 줄 병원에 있어야 할 사람이었다.

4. 크리스탈

아름답고 젊은 21세의 크리스탈을 기도모임에서 만났다. 처음에는 하나님을 몰랐지만 교도소에서 하나님을 만나 변화되고 행복한 삶을 살게 되었노라고 고백하는 그녀를 보며 감사했다. 세례를 받는 내내 그녀는 울고 있었다. 내일이면 출소하지만 갈 곳이 없다고 했다. 내가 추천해 줄만 한 곳도 없어서 더욱 더 마음이 무거웠다.

예배를 드리며 그토록 많은 눈물을 흘려 본 적이 없는 듯 했다. 그녀는 어디로 갈 수 있을까? 그녀가 선택할 수 있는 대안은 무엇일까? 누가 그녀를 도울 수 있을까? 나는 하나님께서 그녀를 도와주시길 기도로 간구하고 있었지만 실질적으로 도울 방법은 없었다. 그녀가 스스로 자립할 수 있을 때까지 조언해주고 지켜주며 지원해 줄 수 있는 과도기의 집이 필요했다. 하나님이 크리스탈과 같은 사람을 도울 비전을 가진 사람을 세우시기를 계속 기도한다. 우리에게 노숙자들의 아픔과 고통을 이해하고 긍휼의 씨앗을 심을 수 있는 사람이 필요하다. 우리가 땅을 다지고 씨를 심는 노력을 계속한다면 어느 날 아름다운 사랑의 열매를 볼 수 있는 날이 올 것이다.

교도소 안에서 일하는 사람들은 재소자들이 교도소를 떠난 후에 그들과 연락할 수 없다는 것이 규율이다. 그래서 나는 전과자들을 직접 도울 수가 없다. 그러므로 누군가 이 사역을 시작해야 한다.

5. 격려

나는 출소 후 갈 곳이 없는 전과자들 때문에 마음이 무거웠다. 누군가 노숙자 보호소를 시작하리라는 희망을 갖고 이 문제를 나누기 위해 아담스 카운티의 재원회의에 참석했다. 나의 발표 이후 한 남자가 자신을 소개하고 자기가 전에 교도소에서 나를 만났다고 하며 내가 하고 있는 사역에 대해 고마워했다. 그 후 얼마 되지 않아 그에게서 편지를 한 통 받았다. 이 편지는 내가 목사로서 일을 시작한 이후 내가 들은 다른 어떤 이야기들보다 더욱 나를 격려했기 때문에 이 책에서 나누기로 결정했다.

영희 맥도날드 목사님께,

나는 목사님을 아담스 카운티 교도소에서 만났습니다. 목사님이 인도하는 예배에 참석했고 하나님이 그곳에서 나를 만지셨습니다. 36년형을 선고 받은 나는 오랫동안 범죄조직에 가담해서 마약매매를 비롯해서 온갖 못된 짓을 많이 했으니 당연한 결과라고 생각하고 있었습니다. 그래서 예배에서 내 삶을 하나님께 드리겠다고 기도하면서도 하나님이 나를 변화시키리라고는 전혀 상상조차 하지 못했습니다.

재판에 갔을 때 나의 모든 혐의는 벗겨졌습니다. 그 일로 나는 하나님께 감사드립니다. 나는 지금은 학군 50에서 일하면서 "범죄조직을 180도 변화시키는 대안들"이라는 비영리단체를 설립하여 지난 2년 동안 아이들이 범죄조직에서 나오도록 돕고 전과자들이 직업과 집 그리고 필요한 것들을 찾을 수 있도록 도와주고 있습니다.

　목사님이 그 재원회의로 들어오는 것을 보았을 때 경탄했습니다. 다만 하시는 모든 일에 대해 고맙다고 말하고 싶었습니다. 언젠가 교도소를 방문해서 나의 간증을 할 수 있기를 희망합니다. 저는 현재 목사가 되려고 준비과정에 있습니다. 내가 이렇게 변화되고 존재하는 것이 모두 하나님의 은혜이기 때문입니다.

　재소자들의 경우 진정한 테스트는 출소 후에 시작된다. 자신의 삶을 바꾸기로 결심하지 않으면 다시 예전의 생활로 돌아갈 확률이 매우 높기 때문이다. 그의 이야기는 또한 한 사람이 믿음을 가지고 부르심에 순종할 때 하나님이 무엇을 하실 수 있으신지에 대해서 희망을 품게 한다. 그는 이제 성공적인 한 사회인으로 하나님을 섬기는 삶을 살고 있다. 그 점이 정말 나에게 용기를 주고 있다.

6. 영적 부흥

　아담스 카운티 교도소에서 가장 행복한 순간은 재소자들의 변화와 그들 사이에 영적 부흥이 일어나고 있는 것이 느껴질 때이다. 사실 이 일은 매일 일어나고 있다.
　왜 내가 영적 부흥을 보는 것이 그렇게 중요할까? 거기에는 이유가 있다.
　1979년에 미국에 온 후 내가 한 가지 간절히 보고 싶었던 것은 영적 부흥이었다. 내가 생각하는 영적 부흥은 많은 사람들이 구원을 받고 열정적으로 하나님의 사역을 하는 것을 말한다. 아담스 카운티에서 사역을 하면서 성령님의 인도하심을 따르기만 한다면 하나님이 내가 생각하거나 상상하는 것보다 훨씬 많은 일들을 하실 수 있다는 것을 배웠다. 흥미롭게도 나는 아담스 카운티 교도소에 있는 많은 재소자들이 영적 부흥을 위해 기도하고 있다는 것을 알게 되었다. 나는 끈질긴 기도가 부흥의 기초라고 믿고 여러 주제들로 부흥을 위한 7주간의 기도 프로젝트를 시작했다. 2004년에 내가 시작한 첫 번째 기도 프로젝트는 "우리 영혼의 부흥과 치유"였다.

2006년 말까지 나는 영적 부흥을 위해서 일곱 개의 주제로 7주 동안 기도 프로젝트들을 인도했다. 그 기간 동안 예배를 인도하면서 강력한 성령님의 역사하심으로 많은 회심과 세례들이 있었다. 많은 재소자들이 주님을 섬기라는 부름에 응답하여 예배에서 간증하고 설교하면서 다른 사람들을 주님께 인도하며 출소 후 사역을 하기로 작정했다.

그들의 간증이 책으로 발행되기 시작했다. 처음 2년 동안 500명 이상이 세례를 받았다. 성령님은 예배하러 오는 사람들을 감동시키고 치유를 시작하셨다. 어떤 날은 재소자들이 사용하는 찬송가의 글이 읽기 어려울 정도로 희미해져 있었다. 나는 그것이 많은 세례로 생긴 물 때문이라고 생각했다. 목사들의 예배를 도와주는 재소자가 말했다. "그것은 재소자들의 눈물 때문입니다. 그들이 눈물을 하도 많이 흘려서 찬송지가 젖는 바람에 예배 후에 찬송지를 닦아야 합니다."

그때 나는 성령님이 많은 재소자의 마음을 치유하기 시작했다는 걸 깨달았다. 하나님께서 우리를 만져주시고 치유를 시작하실 때 눈물이 나온다. 주님께서 우리의 마음에 말씀하실 때 우리는 하나님의 임재를 경험하고 감격으로 울게 된다. 눈물은 우리의 돌같이 굳어진 마음을 녹이기 시작하는 성령님의 역사다.

2007년 1월 초에 주님은 나에게 영적 부흥을 위해 더 기도하도록 내가 처음에 시작했던 주제로 7주간의 기도 프로젝트를 다시 하라고 하셨다. 믿음 안에서 자라고 영적 부흥을 경험하길 원하는 사람들을 돕기 위해 나는 기도 프로젝트를 하면서 "여호수아 기도 행진," "거룩한 금식 기도," "영적 부흥을 위한 기도," "상심한 마음에서의 치유," "자살 충동에서의 치유," "용서를 배우는 기도," "하나님의 음성을 듣기 위한 기도" 등 12개의 기도 프로젝트 소책자들을 발행했다.

나는 그때까지 성령님의 엄청난 능력이 많은 사람들의 삶을 변화시키는 것을 보았다. 그러나 여전히 내가 부흥을 어렴풋이만 보고 있다고 느꼈다. 2007년 2월 기도 프로젝트의 중간에 하나님께서 나에게 처음으로 내가 부흥의 한 중앙에 있다고 말씀하셨다. 처음에는 믿기 어려웠지만 그것은 사실이었다.

많은 사람들이 영적인 부흥을 위한 기도를 하는 동안 그들의 영적인 노동의 열매를 하나님께서 축복하신 것이라고 믿는다. 또 『최고의 성인들』이 영적 부흥에 기여하고 있다는 깨달음을 주님께서 처음으로 나에게 주셨다. 사실 그 책들을 통해서 많은 사람들이 주님을 믿게 되고 구원을 받았으며 영적으로 성장하고 있다는 편지들이 전국 교도소와 형무소에서 쏟아져 들어오기 시작했다.

내가 『최고의 성인들』 책을 편집할 때마다 성령님께서 주시는 주체할 수 없는 기쁨이 있다.

"주님, 저를 진정시켜 주세요. 저는 너무 기뻐서 감당하기 어려워요. 기쁨을 그만 채워 주셔요. 가득 찼어요." 그렇게 기도하면 주님은 기쁨을 감당할 만큼만 주신다.

나는 교회 안에서도 볼 수 없었던 영적 부흥을 교도소와 형무소 안에서 보았다. 재소자 리더들과 성령님의 치유, 능력의 간증 『최고의 성인들』이라는 작품이 하나되어 이루어지는 부흥을 보도록 허락하신 것에 대해 하나님께 감사드린다. 하나님을 찬양한다! 이제 나는 더 이상 영적 부흥을 보여 달라는 것이 기도의 핵심이 아니다. 이제 나의 기도의 본론은 주님을 진심으로 사랑하며 기쁘게 해 드리는 것이다.

7. 문서 선교

하나님은 『최고의 성인들은 용서한다』라는 작품을 편집하는 마지막 단계에서 오로라에 있는 새문교회를 방문하라는 음성을 주셨다.

새문교회는 매달 변화 프로젝트에 기부금을 보내고 문서 선교를 돕는 한국 이민교회이다. 영문도 모른 채 그 교회로 가는 도중에 하나님은 내게 말씀하셨다.

만 부 주문하려고 했던 『최고의 성인들은 용서한다』라는 책을 이만 부 주문하라는 것이었다.

만 부를 주문하는데 5,000불이 필요하지만 이만 부를 주문하기 위해서는 8,000불이 필요하다. 그 교회에 도착했을 때 3,000불이 더 필요하다는 것을 권인숙 목사님께 말씀 드렸더니 예배 시간 중에 알리라고 하셨다.

다음 날 새문교회는 3,160불을 변화 프로젝트의 선교헌금으로 보내왔다. 그들의 넉넉한 후원으로 10,000부를 더 주문할 수 있었다. 나는 그 교회의 한 교인이 이 프로젝트를 위해 3,000불을 기부했다는 것을 들었다. 하나님을 찬양한다! 이것은 하나님께서 이루신 기적이다. 재소자들과 노숙자들을 위한 관심을 갖게 되면서 내가 받은 복은 참으로 많다. 하나님이 나에게 주신 또 하나의 비전은 일반인들까지 『최고의 성인들』을 읽을 수 있게 해서 더 많은 사람들을 구원시키고 영적인 성장을 도우라고 하시는 것이었다. 그때까지만 해도 단지 목사님들을 통해 책들과 DVD들을 배포하는 수준이었다. 그래서 『최고의 성인들』을 읽기 원하거나 다른 재소자 가족들에게 보내기를 원한다 해도 불가능한 일이었다. 그러나 지금은 일반 서점에서도 구입이 가능하고 그 판매로 들어온 모든 수익금은 변화 프로젝트에서 더욱 많은 책들과 DVD를 형무소와 노숙자 쉼터에 보내는 비용으로 쓸 수 있게 되었다.

8. 변화된 사람들

재소자들의 책을 읽고 변화된 사람 중 한 명은 교도소에서 일하는 직원이었다. 그녀가 목사 사무실로 찾아왔다. "목사님, 『최고의 성인들』 책을 읽고 하나님이 살아 계시다는 것을 믿게 되었어요. 다시 하나님께 돌아가려면 어떻게 해야 할지 알고 싶어요. 교회에 안 다닌 지 7년이나 되었는데…이제 다시 나가보려고요. 저를 위해서 기도해 주세요."

놀라운 일이었다. 재소자들의 간증이 교도소에서 일하는 사람의 마음을 열으리라고 생각하지 못했기 때문이다. 나는 『최고의 성인들』이라는 작품 뒤편에 실려 있는 예수님 영접기도를 그녀와 함께 했다. 기도를 마친 후 감사의 뜻을 전하고 나가는 뒷모습을 보고 하나님께 감사드렸다. 성령님께서 그 책을 사용해서 사람들의 마음을 열고 삶을 인도하는 것을 직접 눈으로 보게 하신 것이다.

그 후 내 상사인 미스터 푸러도 『최고의 성인들』 책을 아담스 카운티 경찰서장과 고관들에게 보냈고 책을 읽은 모든 사람들은 호평을 아끼지 않았다. 다른 주에서도 재소자들과 교도소 목회자들의 소감을 전해왔다. 그 중 잭슨 조지아 교도소에서 온 편지를 소개한다.

"이렇게 은혜 넘치는 책을 읽게 해주셔서 감사합니다.

『최고의 성인들』이라는 책을 읽고 나서 삶을 보는 눈이 달라졌어요. 나의 마음을 열고 이제부터는 하나님께 내 삶을 인도해 달라고 기도했습니다. 진작 이렇게 했다면 20년 동안 교도소를 들락거리지 않았을 텐데 말입니다."

상상도 못한 반응들에 힘입어 한편만 발행하려고 했던 계획이 변경되어 계속 시리즈로 출판하게 되었다. 하와이의 어떤 재소자는 이 책을 읽고 은혜를 받았다며 한 달에 10불씩 선교 헌금을 보내왔다.

콜로라도 프레블로 교도소에서도 편지가 왔는데 하나님이라면 듣기 싫어하고, 항상 화를 내며, 또 성경이라면 쳐다보지도 않던 사람이 하루는 읽을 책이 있느냐고 물어와서 『최고의 성인들은 용서한다』라는 책을 주었더니 이틀이 지난 후 그가 다시 찾아왔다고 했다. 그 책을 읽고 예수님을 영접했을 뿐만 아니라 자기도 이제부터는 용서하려고 노력하면서 살겠다고 했다는 것이다. 늘 분노에 가득 차 있던 그가 놀라운 변화를 보였다며 책을 더 보내달라고 부탁해 왔다.

미 연합감리교 목회 수련회에서 만난 조지아의 목사님은 재소자들이 『최고의 성인들』이라는 책을 통해 많은 은혜를 받았다며 앞으로 박스로 보내지 말고 트럭으로 보내주면 좋겠다고 요청해서 새 책이 나올 때마다 4트럭 분량을 보내드리고 있다. "구하라, 그리하면 주실 것이요"라는 말씀대로 목사님의 요청을 들어 줄 수 있게 공급해주신 하나님께 감사드린다.

한 수련회에서 예배시간에 설교하면서 문서 선교에 대해 이야기 했다. 예배 후 한 목사님이 나의 책을 스페인어로 번역해 주겠다고 했다. 그것도 무료로 말이다. 그분 덕분에 스페인어로 된 내 책을 읽은 멕시칸 재소자들이 많은 은혜를 받았다고 해서 하나님께 감사했다. 매주 미 전역에서 들려오는 재소자들의 간증은 한결 같다. 문서선교를 통해서 예수님을 영접하는 사람도 있고 이미 예수님을 믿는 사람들은 책을 통해서 영적으로 많은 도움을 받았다며 더 많은 책들을 보내 달라고 했다.

9. 부르심

나는 신학공부를 좋아해서 한국과 미국에서 신학대학을 다녔다. 그러면서도 나는 일반 교회 목사나 교도소 목사가 되는 걸 생각해 보거나 상상해 본적이 없었다. 그러나 그것이 나를 향한 하나님의 계획이었다. 내가 하나님의 부르심에 응답하기 전에도 하나님께서는 나를 위해 어떤 사역을 준비해 놓으셨다고 말씀하셨다. 그래서 내가 아이리프 신학대학원에서 공부를 시작하기 전에 나는 하나님께 내가 무엇을 하길 원하시는지 물었다.

며칠 후 흐린 기억속의 어느 날을 기억나게 해 주셨다. 한국에서 교도소에 수감중인 오빠를 보러 갔던 날이었다. 알콜중독자인 아버지의 폭행을 견디지 못하고 가출하여 잘못된 길로 접어든 오빠는 결국 교도소에 가게 되었고 면회를 갔던 나는 가슴이 아파서 오빠 앞에서 눈물만 흘리다가 말 한마디 못하고 돌아왔었다. 그 후로는 다시는 면회를 가지 않았다. 나의 방문이 오빠를 위로하는 게 아니라 마음만 아프게 한다는 걸 알게 되었기 때문이다.

그 때 나의 간절한 소원은 누군가 오빠에게 복음을 전해서 예수님을 만나게 해주면 좋겠다는 것이었다. 그렇게 되면 오빠가 삶의 독적을 깨닫고 잘 살아갈 거라고 생각했는데 안타깝게도 오빠는 아직도 하나님을 믿지 않고 있다. 그런데 하나님은 내가 다른 사람들이 오빠에게 하기를 바랬던 것을 나에게 하라고 말씀하셨다.

"가라, 가서 그들에게 예수님이 그들을 위해서 죽으셨고 하나님께서 용서하셨다는 것을 전해라. 그들을 네 오빠처럼 대해라."

그 때 교도소 선교가 내 소명이라는 것을 알게 되었다. 교도소 선교를 하라고 불러주신 하나님께 감사드린다. 그렇게도 미국에서 보고 싶었던 영적인 부흥을 재소자들과 문서 선교를 통해서 볼 수 있게 해 주셨기 때문이다.

재소자의 가족들에게:

당신의 가족이 교도소에 있다는 이유만으로 슬퍼하거나 울며 지내지 마십시오. 슬퍼하는 대신에 재소자들을 도울 방법과 출소 후 생활을 도와주는 프로그램에 참여해서 복음의 씨를 뿌리십시오. 다른 사람들이 여러분의 수감된 가족을 도울 수 있도록 가족들을 위해서 사람들을 보내 달라고 하나님께 기도하십시오. 여러분의 가족을 염려하기보다 먼저 하나님의 나라를 구하십시오. 당신이 눈물로 하나님의 사랑의 복음의 씨를 뿌릴 때 주님께서 여러분을 위로하시고 축복하실 것입니다.

"울며 씨를 뿌리러 나가는 자는 반드시 기쁨으로 그 곡식 단을 가지고 돌아오리로다" (시편 126:6).

목사님들과 교회의 지도자들과 성도들에게:

영적 추수에 참여하시기 원하시면 다른 사람들의 영혼 구원과 영적 성장을 도와주는 사역을 해야 합니다. 영적 부흥은 하나님께 부르짖고 눈물로 기도하며 회개하는 곳에서 일어납니다. 많은 재소자들이 하나님을 만나고 영적인 부흥이 일어날 수 있는 환경에 놓일 수 있도록 기도하십시요. 그래서 성령님이 추수하시도록 재소자들을 방문하고 복음의 씨를 뿌리는 데 노력하십시오.

씨를 뿌리지 않으면 열매를 거둘 수 없습니다. 가까운 형무소나 교도소를 방문하고 여러분의 교회에서 재소자들을 어떻게 영적으로 도울 수 있는지 하나님께 지혜와 헌신할 수 있는 마음을 구하고 형무소 사역을 시작하시길 권합니다. 항상 우리는 주는 것보다 더 많이 받습니다. 하나님의 열정적인 사랑으로 죽은 영혼에 대한 긍휼함을 가질 수 있도록 기도 하십시오. 주님의 은혜와 축복이 이 글을 읽는 모든 사람들과 함께 하시기를 기도 합니다.

10. 작은 계획들은 세우지 마세요

다음 설교는 『최고의 성인들은 작은 계획들을 세우지 않는다』라는 책에 나온 나의 설교이다.

"작은 계획들을 세우지 마십시오"

1차 세계대전 후 시카고 템플의 제일연합감리교회는 매우 중요한 선택의 기로에 서 있었다. 사람들은 타운 밖으로 이사했고 교인들은 점점 줄어들고 있었다. 몇몇 교인들은 교회건물을 팔고 교외로 이사해야 한다고 생각했지만 개중에는 비전과 선견지명이 있는 지도자들도 있었다. 그들은 미래를 준비하기 위해 천 명이 앉을 수 있는 더 큰 예배당과 아름다운 건축 양식으로 지은 26층짜리 건물이라는 큰 비전을 교인들에게 심어주었다.

대니얼 번햄이라는 건축가는 유명한 연설을 했다. "작은 계획들은 세우지 마십시오.… 큰 계획들을 세우십시오. 희망을 품고 높이 겨냥하시고 일하십시오.… 여러분의 교회가 아름다움의 상징이 되도록 하십시오.… 크게 생각하십시요."

그의 교회 프로젝트를 향한 꿈은 받아들여졌고 새로운 교회건물은 1952년 부활절 아침에 봉헌되었다. 매년 수천 명의 사람들이 시카고 템플을 방문하기 위해 순례를 한다. 나는 이 교회를 방문하는 특권을 누렸고 예배당과 교회건물의 아름다운 건축양식에서 감명을 받았다.

새로운 교회가 건축되고 큰 아파트 단지가 들어서자 인구가 늘어나서 이 교회의 등록교인과 사역할 수 있는 기회들 또한 증가하게 되었다. 이 교회는 가난하고 집 없는 사람들에게 음식을 제공하는 선교 프로그램뿐만 아니라 예술 사역도 개발했다. 이 모든 것은 그들이 꾸었던 큰 꿈과 비전으로 인해 가능한 일이었다.

이 이야기는 우리에게 의미있는 영적인 교훈을 준다. 우리가 하나님을 섬기기 원한다면 비전이 있어야 하고 그 비전을 이루기 위해 큰 계획들을 세워야 한다. 그 계획을 추진할 때 비로소 결과를 보게 될 것이다. 하나님은 우리를 구원하기 위해 예수님을 통해 큰 계획들을 세우셨다. "하나님이 세상을 이처럼 사랑하사 독생자를 주셨으니 이는 그를 믿는 자마다 멸망하지 않고 영생을 얻게 하려 하심이라"(요한복음 3:16).

우리에게 영적으로 죽어가는 사람들을 구하기 위해 큰 계획들을 세우라고 예수님은 말씀하신다. "그러므로 너희는 가서 모든 민족을 제자로 삼아 아버지와 아들과 성령의 이름으로 세례를 베풀고 내가 너희에게 분부한 모든 것을 가르쳐 지키게 하라. 볼지어다. 내가 세상 끝날까지 너희와 항상 함께 있으리라 하시니라"(마태복음 28:19~20). 예수님은 우리에게 엄청난 잠재력이 있으며 우리가 주님을 믿음으로서 이 세계를 변화 시킬 수 있다고 하신다.

"내가 진실로 진실로 너희에게 이르노니 나를 믿는 자는 내가 하는 일을 그도 할 것이요 또한 그보다 큰일도 하리니

이는 내가 아버지께로 감이라" (요한복음 14:12).
　예수님은 우리를 도울 수 있는 충분한 능력이 있으실 뿐만 아니라, 우리가 도움을 청하면 우리를 구덩이에서 끌어내시기까지 하신다. 죄 짓고 실수 할 때도 회개하면 용서하시고 상심하고 아플 때는 치유하시며 삶에서 힘들어 할때 감당할 수 있는 힘을 주신다. 그리고 성령님의 능력으로 그분을 섬길 수 있도록 우리의 길을 안내하신다. 또 우리에게 마귀에게 저항할 수 있는 능력도 주신다.
　안타깝게도 하나님의 사역을 하기 원하면서도 너무 작은 계획을 세우는 경우가 많다. 우리는 하나님의 스케일에 맞도록 비전의 크기를 키울 필요가 있다. 당신이 세운 미래의 계획이 자신과 가족에게 국한되어 있다면 그것은 턱없이 부족하고 작은 비전이다.
　나는 당신에게 몇 가지 제안을 하고 싶다. 특별히 예수님을 당신의 개인적인 구주로 영접하지 않은 분들께 말씀 드린다. 여러분의 인생을 그리스도에게 드림으로 영원히 주님과 함께 할 수 있는 큰 계획들을 세우시라는 것이다.
　하나님이 당신을 용서하고 구원 하실 수 있으시다는 것을 인식할 때 당신은 당신의 영혼을 위해 최선의 투자를 할 것이다. 이것이 당신이 예수님을 영접하기 위해 기도할 수 있는 기도문이다.
　"주 예수님, 제가 죄인임을 고백합니다. 저는 주님께서 십자가에서 저의 죄 때문에 돌아가셨고 죽음에서 다시 살아나셨다고 믿습니다. 저는 주님의 용서가 필요합니다. 부디 제 마음과 삶에 들어오십시오. 저의 모든 죄를 용서하여 주세요. 저를 성령으로 축복하시고 저의 빈 마음을 주님의 마음으로 채워 주세요. 제가 주님의 사랑을 이해하도록 도와주세요. 내가 주님을 섬길 수 있도록 지혜로 축복해 주세요. 이 모든 것을 예수님 이름으로 기도합니다. 아멘."

기독교인이면서도 작은 계획들만 세우시는 분들께 말씀드린다. 당신이 하나님을 최대한 섬기기 원한다면 그것을 위해 어떻게 계획을 세워야만 하는지에 대한 비전과 꿈을 주시도록 하나님께 간구하기 시작하라.

기억해야 할 것은 주님의 큰 계획들은 언제나 우리를 안전지대 밖으로 몰아가실 때도 있는 것이다. 그분의 큰 계획들은 우리가 다른 사람들의 아픔과 고통을 듣고 보고 이해하고 느끼고 그것에 대해 무언가를 하는 것을 의미한다. 하나님이 모세를 부를 때 그는 자신의 편안만 생각했기 때문에 단지 소박한 계획만 가지고 있었다. 그래서 그는 왜 자신이 적합한 사람이 아닌지 하나님께 변명하려고 했다. 그러나 결국에는 순종함으로 인해서 그는 하나님의 능력으로서 노예로 고통 당하는 이스라엘 백성들을 해방시킬 수 있었던 것이다.

우리가 그분께 순종할 때만이, 예수님께서 우리를 통해서 우리가 생각하거나 상상할 수 있는 것보다 훨씬 더 많은 일들을 하실 수 있으시다. 나는 예수님이 우리 모두를 위한 큰 계획들을 갖고 계심을 믿는다. 우리는 하나님의 형상대로 창조되었기 때문에 우리 안에는 선한 것이 있다. 그의 창조성과 거룩한 성품들이 우리 본성을 이루는 조각들이다. 당신이 자신과 다른 사람들에게서 나쁜 것과 악한 것들만 본다면 당신은 하나님께서 창조하신 사람에 대한 이해가 부족한 것이다. 우리가 하나님을 사랑하고 이웃들을 사랑함으로 거룩한 성품들을 사용하고 선을 행할 수 있을 때까지 우리는 행복이나 성취감을 누릴 수 없다. 가장 깊은 기쁨과 원천적인 성취감은 오직 우리가 하나님과 우리의 이웃들을 사랑할 때만 오는 것이다.

당신은 어떠한 상태에 있는가? 예수님께서 당신을 믿으시는 만큼 자신을 믿고 있는가? 이 세상에서 하나님의 비전을 가지고 세상에 변화를 일으킬 수 있다고 믿고 있는가? 당신에게 어떤 특별한 은사가 없다고 말하지 마라. 우리 한 사람 한 사람이 받은 가장 중요한 선물은 우리의 생명 자체이다.

불행하게도 많은 사람들은 하나님께서 주신 생명의 선물을 돌보지 않고 술과 마약과 약물 섭취 등으로 하나님의 선물을 파괴한다. 그들은 죄의식 없이 자신의 몸을 약물남용으로 학대하거나 다른 사람들에게 파괴적인 일을 행한다. 그러나 우리의 창조성과 긍휼과 선한 마음은 주님께서 주신 선물들이다. 우리의 믿음 역시 다른 사람들과 나누라고 하나님께서 우리에게 주신 선물이다. 이를 위해서는 계획과 헌신이 있어야 한다. 당신의 믿음과 그들에게 주는 복음의 말씀들이 그리스도를 모르는 사람들과 그리스도 안에서 자라기를 원하는 사람들에게는 생명을 구원하는 선물과 소망을 심어 줄 수 있다.

그리고 영적인 싸움이 있다는 것을 기억하라. 마귀는 하나님을 위해 일하는 것이 당신에게 불가능한 일이며 당신에게 그런 은사들이 없다고 말할 것이다. 준비하라. 또한 하나님을 섬길 수 있을 만큼 당신이 선하지 않다고 말할 것이다. 마귀의 거짓말을 듣지 마라. 만일 마귀의 말에 귀 기울이면 당신은 결국 작은 계획을 세우고 주님을 슬프게 할 것이다. 하나님의 비전을 성취하는 것은 우리의 지혜나 힘으로 하는 것이 아니고 성령의 인도하심과 그분의 힘으로 하는 것이다. 우리는 순종하고 참예만 하면 된다.

큰 계획들을 세우기 위해 당신이 가진 것으로 어떻게 주님을 최대한 섬길 수 있는지 주님께 여쭈어 보라. 당신의 계획이 큰지 작은지 구별하는 방법 중의 하나는 당신에게 잃어버린 사람들을 구하려는 열정이 있는지 보는 것이다. 만일 당신이 영적으로 죽어있어서 지옥에 갈 영혼들에 대한 궁휼을 가지고 있지 않다면 당신의 계획은 작은 것이다. 당신의 마음을 시험하는 다른 방법은 당신의 계획을 쉽게 성취할 수 있는가 보는 것이다. 만약 별 노력 없이 손쉽게 이루어지는 계획이라면 당신의 계획은 작은 것이다. 하나님의 나라를 위한 큰 계획은 우리의 상상을 확장하며 우리의 제한적인 생각을 벗어난다. 때로 목적달성이 불가능해 보이기도 한다. 그러나 오직 하나님은 그것을 가능하게 만드실 수 있기 때문에 우리의 지혜로는 도저히 이해할 수 없고 오직 성령님의 지혜로만 가능 하다는 것을 믿게 된다.

또한 당신이 그 대가를 지불할 의도 없이 계획들을 세워 나간다면 당신은 실제로 작은 계획들을 만들고 있는 것이다. 예수님께서는 우리가 자신을 부인하고 자신의 십자가를 지고 그를 따르지 않으면 예수님의 제자가 될 수 없다고 말씀하셨다. 우리가 지불해야 하는 대가는 이것이다. 우리 자신의 계획을 버리고 예수님의 계획을 최우선 순위로 드리는 것이다. 하나님을 우리 계획대로 섬기면 하나님의 크신 계획을 성취하는데 사용될 수가 없다. 그래서 성령의 음성을 따라서 사역하는 것이 중요하다.

때때로 심지어는 우리 스스로가 섬길 큰 계획들을 만들었다고 생각할 때도 하나님께는 충분히 크지 않는 경우도 있다. 그 예로 『최고의 성인들』이라는 작품 프로젝트를 통해 그것을 배우고 있다. 2006년 2월말까지 많은 교회들과 친구들의 도움으로 『최고의 성인들은 절대로 숨지 않는다』 라는 작품을 1,500부를 주문할 정도의 넉넉한 재정을 모금할 수 있었다. 그 당시에는 우리 교도소에는 약 1,300명의 재소자가 있었기 때문에 충분하리라고 생각 했다. 그러나 하나님께서는 "너의 비전이 너무 작다"고 말씀하셨다. 그래서 나는 1,500부가 아닌 10,000부를 주문했고 하나님은 관대한 사람들을 통해 그것에 필요한 모든 재정을 공급하셨다. 하나님을 섬길 큰 계획을 세워야만 많은 영혼을 구할 수 있고 성령의 인도하심과 기적을 볼 수 있다. 비록 당신이 시험의 불속을 지날지라도 만약 다른 사람들을 돕는 큰 계획들을 세운다면 당신은 기쁨으로 그 불속을 뚫고 나올 것이다. 당신이 큰 계획들을 세우지 않는다면 무엇으로도 채울 수 없는 큰 구멍이 당신의 가슴속에 있는 것을 발견할 것이다. 이것이 성령님이 우리와 소통하시는 방법 중 하나다.

당신이 기독교인이 된 후에도 삶에 무언가 부족한 것이 느껴진다면 하나님을 섬기기 위해 큰 계획을 세우기 위해서 고려할 때다. 만일 당신이 큰 계획들을 세우지 않는다면 당신이 지불해야 할 대가는 클 것이다. 본인의 틀에서 벗어나지 못하고 늘 채워지지 않는 불만과 우울함에서 점점 그 상처가 자라나 결국에는 그 상처에 압도당하게 될 것이다. 그러나 당신이 다른 사람들의 상처를 보게 되고 또 그들을 돕기 시작하면 그때부터는 당신의 상처도 치유될 것이다.

수감되고 난 후에 출소될 날만을 간절히 바라는 여러분에게 나는 앞으로의 계획에 다시 한번 당신의 마음을 점검해 보기를 권한다. 만일 당신이 술을 마시거나 마약을 할 생각이라면 그 결과는 예전과 별반 다르지 않을 것이다. 당신은 결국 혼란 속에서 살게 될 것이고 더 많은 훈련을 위해 다시 교도소로 돌아올 가능성이 크다.

당신이 하나님을 섬기려고 큰 계획들을 세우고 어떤 상황에서라도 그 계획들을 따르면 그 일들은 이루어 질 것이다. 당신이 큰 계획들을 세운다면 소명을 따르고 은사들을 최대한 활용하기 위해 대가를 지불할 의사가 있는가? 당신이 지불해야 할 대가는 그 무엇보다도 하나님의 나라를 다른 모든 것들 위에 두는 것이다.

그리고 작은 계획들은 하나님의 나라를 세우는데 도움이 될 수 없으며 단지 당신의 삶에서 불행과 불만을 가져올 뿐이라는 것을 당신이 깨달아야 할 시점이다. 당신이 작은 계획들을 세울 때 세상을 하나님보다 더 사랑하게 되므로 세상에서 상처를 입을 것이다.

만일 당신이 감금돼 있다면 그것을 통해서 지옥으로 가는 사람들을 구원하려는 하나님의 선교사역으로의 부르심으로 볼 수도 있다. 그것은 하나님의 비전과 큰 계획을 바라보고 실천하는 것이다. 하나님을 위해서 하는 일은 어떤 경우에도 포기 하지 마라.

큰 계획들은 준비를 동반해야 한다. 당신의 목표를 향해 매일매일, 매 순간 마다 성령께 인도해 달라고 기도하면서 일하라. 주의하여 세부계획을 세워야 하고 우리의 전적인 헌신과 모든 일에 성령님을 순종하는 헌신 또한 필요하다.

마지막으로 두 가지 질문을 하고자 한다. 당신은 살아 있는 동안 몇 명을 주님께로 인도할 계획을 갖고 있는가? 그 목표를 위해 어떤 계획을 갖고 있는가?

하나님이 주님과 다른 사람들을 섬기려고 큰 계획들을 세우는 당신을 축복하시길 기도한다!

11. 한국에서 시작된 변화 프로젝트

2010년에 미처 생각지도 못했는데 하나님께서는 나에게 한 재소자의 영혼을 구원하기 위해서 한국에서도 변화 프로젝트를 시작하겠느냐 물으시며 더 큰 비전을 나에게 심어 주셨다.

예수님께서는 한 영혼을 무엇보다도 귀하다고 생각하시기 때문에 그 일을 당연히 해야 한다고 생각하고 이 문서 선교에 동역할 수 있는 사람을 찾고 있었다. 그러던 중에 미국에서 무기수로 22년의 형을 마치고 석방이 되어 한국으로 귀국한 후 신학을 공부하고 목사가 되어 교도소 선교, 노숙자 선교, 이송자선교를 사역하시는 이 본 목사님을 LA미주복음방송의 홈페이지를 통하여 만나게 되었다.

그래서 2013년에는 이 본 목사님을 통해서 변화 프로젝트가 한국에서도 시작이 되었고 책들이 발행되어 한국 교도소와 노숙자들에게 배포가 시작되었다. 또 이 본 목사님이 쓰신 신앙간증 책 『회색벽에 쓴 독백, 22년 미국감옥 신앙수기』가 『무기수가 주의 종이 되기까지』라는 책으로 재편집되어 나의 책 『승리의 행진, 미국 교도소와 문서 선교 회상록』과 함께 이번 달에 한국에서 출판이 되어서 배포가 되고 있다.

『무기수가 주의 종이 되기까지』라는 책의 내용은 이 본 목사님이 사기 결혼으로 받은 상처와 그것에 관련된 갱들에게 시달리다가 결국은 살인을 범하게 되었다. 그분은 무기수로 절망적인 상황 속에서 생을 끝내기 위해 감옥에서 자살을 몇 번 시도했으나 그런 가운데 기적적으로 하나님을 만나 소망을 찾고 새로운 삶을 살게 된 감동 깊은 신앙간증이다.

그분의 신앙간증은 하나님이 살아계시다는 것을 더욱 실감나게 하는 강력한 글이다. 사람들이 미처 생각지 못하는 하나님의 역사가 감옥에서 일어나고 있다. 미국에서 영적인 부흥이 가장 강력하게 일어나고 있는 곳이 어디냐고 물어본다면 사회에서 소외 당하고 잊혀진 재소자들을 통해서 일어나고 있다고 말할 수 있다. 나의 책들이 그 간증이고 또한 이 본 목사님의 간증이 그것을 입증해 준다. 그분의 글을 여기에 소개한다.

"교회에 들어가자 안에 있던 재소자들이 모두 나를 쳐

다보았다. 감옥 특유의 낯선 사람에 대한 경계였지만 이내 그들은 나를 환영하였다. 펠레시아노가 나서서 나를 열심히 소개했다. 악수를 나누고 어깨를 두들기고 포옹을 하면서 모두와 인사를 나눴다. 교회에 나오는 크리스천 중에 동양인이 한 명도 없었는데 이제 동양인 형제가 생겼다고 반가와 하였다.

교회에 나오는 믿음의 형제 중에는 전도회를 만들어 활동하는 재소자들도 있었다. 그들은 세상에서 살면서 범죄 외에는 아는 것이 없던 존재들이었다. 모두가 1급, 2급살인 무기수이거나 가석방이 불가능한 종신형 수형자들이었다. 200년, 300년 형을 받은 사람들도 흔했다. 그런 사람들이 자신들의 과거를 회개하고 주님을 영접함으로써 새롭게 태어나 하나님의 가족이 되어 있었던 것이다. 하나님은 우리에게 다시 태어나는 특권을 주셨고 이로 인해 하나님 가족의 구성원이 되었다.

성경말씀이 살아있는 현장이었다. 그들은 예배 후 따로 모여 성경공부를 하였다. 성경공부가 끝나면 전도지를 들고 운동장으로 나가 일반재소자들을 상대로 하나님을 찬양하고 복음을 들려주었다. 사람들은 그렇게 말할 것이다. 샌퀸틴 감옥이라면 세상에서 버림받은 인간쓰레기나 다름없는 흉악범들만 모인 곳이라고 알려져 있었다. 그러나 그런 곳에서 하나님의 역사가 이루어지고 있다는 것을 아는 사람들은 별로 없었다.

펠레시아노는 전도회의 중추멤버였는데 그가 나를 전도회에 소개시켜주며 함께 일할 수 있겠느냐고 물었다." - 『무기수가 주의 종이 되기까지』

이 본 목사님이 경험했던 샌퀸틴 감옥이라는 데는 무기수들이 절대로 살아서는 못 나가는 곳이라고 알려져 있었는데 하나님의 은혜로 이 본 목사님은 기적적으로 석방이 되었고 한국에서 목사가 되어서 어려운 가운데 있는 사람들에게 복음의 씨를 뿌리고 있는 놀라운 사역을 하고 계시다. 한국에서 시작된 이 변화 프로젝트가 계속 성장하여 많은 영혼들을 구원할 수 있도록 많은 사람들과 교회들이 기도해주고 후원해 주기를 바란다. 우리가 감옥을 직접 방문하지는 못해도 문서 선교로서 복음의 씨를 뿌릴 수 있다. 씨를 뿌리지 않고는 열매를 거둘 수 없다.

한권의 책이 얼마나 많은 사람을 구원할 수 있는지는 오직 하나님만이 아시지만 무엇이든지 심는 대로 거둔다는 말씀을 꼭 기억하시기 바란다. 한국에서 출판하는 책들은 보통 한권에 $1.50이다. 그래서 한달에 10불씩만 선교비를 보내도 거의 6권의 책을 교도소에 보낼 수 있다.

나는 교도소와 문서 선교를 하면서 많은 기적을 체험했다. 특별히 많은 분들이 선교에 관심이 있으시다는 것이다. 우리의 문서 선교가 계속 성장하는 이유는 미국인뿐만이 아니라 한국인들이 개인적으로, 또 많은 교회들이 후원을 해 주시고 있기 때문이다.

나는 2005년부터 이 문서 선교를 소개하느라고 이미 많은 단체와 교회를 방문했는데 하나님께서는 선교지역을 넓히라고 말씀하셨다. 교도소와 문서선교를 통해서 어떻게 하나님께서 영적부흥을 일으키셨고 얼마나 많은 사람들을 축복하고 계신가를 500교회를 방문하여 신앙간증을 하라고 말씀하셨다.

계속 주님은 나에게 문을 열어주셔서 LA, 씨애틀, 아리조나 방송국을 통해서도 교도소에 대한 신앙간증을 했다. 또 올해는 한미연합감리교회 여선교회 지도자훈련에도 강사로 초청을 받아서 교도소 선교를 어떻게 참여할 수 있는가를 나눌 수 있는 기회를 주셨다. 하나님께 순종하려는 마음으로 사역을 하고 있다.

받은 것이 많은 사람에게서는 많은 것을 찾는다고 하셨는데 나는 정말 받은 것이 많은 사람이라 하나님께 감사와 영광을 드린다. 지금까지 변화 프로젝트를 후원해 주신분들이 많다. 그분들에게 감사드리며 주님의 은혜와 평강이 모든 사람들과 함께 하시기를 기도한다.

그림: "기도의 능력" — 바비 미셜

그림: "십자가" — 박영득

"하나님이 세상을 이처럼 사랑하사 독생자를 주셨으니 이는 그를 믿는 자마다 멸망하지 않고 영생을 얻게 하려 하심이라" (요한복음 3:16).

부록

그림: "아름다움" — 박영득

<예수님께로 초대>

여러분은 삶이 너무 어렵고, 고통스러우며, 무의미하다는 생각을 한 번이라도 해보셨습니까?

사실 인간의 삶이 그렇습니다. 우리가 예수님을 마음에 영접하고 그분의 사랑을 이해하며 하나님께 용서를 받고 주님을 위해서 살려고 하기 전까지는 우리의 마음에 참된 평안이나 기쁨을 맛볼 수가 없습니다. 예수님을 믿고 그분의 사랑을 맛보고 어려운 삶 가운데에도 하나님을 위해서 복음을 전하는 사람이 되라고 권고하고 싶습니다.

예수님께서는 우리를 위해서 십자가에 죽으시고 부활하셔서 우리를 위해 기도하고 계십니다. 예수님을 아직도 영접하지 않으셨다면 이 시간에 기도로 그분을 영접하시고 구원을 받으십시오.

"예수님, 저는 죄인입니다. 저는 이 시간 주님을 영접하기 원합니다. 저에게 오셔서 저의 모든 죄를 용서하시고 저의 삶을 주관하시고 성령님의 인도하심으로 복음을 전할 수 있는 주님의 제자가 되기 원합니다. 제 마음의 모든 상처를 치유해 주시고 주님의 평안과 기쁨을 저에게 주시옵소서. 예수님의 이름으로 기도드립니다. 아멘."

교회를 안 다니신다면 믿음의 성도들과 교제할 수 있고 성경을 잘 가르치는 교회를 찾으시길 바랍니다.

성경을 매일 읽으시고 기도하시며 주님을 알려고 노력하십시오. 어떤 성경을 읽어야 좋을지 모르신다면 신약 복음서 (마태, 마가, 누가, 요한)를 읽고 예수님이 누구신지를 배우시기 바랍니다. 예수님의 사랑을 이해하고 예수님과 더 가까운 관계를 가지려면 그분을 성경을 통해서 아는 것이 매우 중요합니다.

마음이 아플 때는 예수님께 상처를 치유해 달라고 기도 하시고 또 어려움이 있을 때는 찬송을 부르며 주님에게서 위로를 받으며 승리하는 삶이 되시기를 바랍니다. 이 세상이 아무리 힘하고 어려워도 주님께서 도와주시면 승리하시는 삶을 살 수 있습니다. 주님을 위해서 살며 열매 맺는 삶을 살아야겠다는 목표를 가지고 사시기를 바라며 또 영적 성장을 위해서 기도 하시기를 바랍니다.

"예수님, 저에게 당신의 지혜를 주셔서 성경을 이해할 수 있게 해주시고 아직 용서 못한 사람이 있다면 다 용서할 수 있도록 당신의 사랑을 저의 마음에 부어주세요. 어떻게 살아야 하나님께 영광을 돌릴 수 있는지도 가르쳐 주시고 저에게 주님을 가르쳐 줄 수 있는 당신의 제자들도 만날 수 있게 도와주세요. 주님께서 저의 죄를 대속해서 십자가에 돌아가신 사랑도 더 알 수 있도록 저의 마음의 문을 열어주세요. 성령님, 저의 하루하루를 하나님께로 인도해 주시고 당신의 뜻에 순종 할 수 있게 도와 주세요. 예수님의 이름으로 기도드립니다. 아멘."

"영접하는 자 곧 그 이름을 믿는 자들에게는 하나님의 자녀가 되는 권세를 주셨으니" (요한복음 1:12).

"너희는 마음에 근심하지 말라. 하나님을 믿으니 또 나를 믿으라. 내 아버지 집에 거할 곳이 많도다. 그렇지 않으면 너희에게 일렀으리라. 내가 너희를 위하여 거처를 예비하러 가노니, 가서 너희를 위하여 거처를 예비하면 내가 다시 와서 너희를 내게로 영접하여 나 있는 곳에 너희도 있게 하리라. 내가 어디로 가는지 그 길을 너희가 아느니라. 도마가 이르되 주여 주께서 어디로 가시는지 우리가 알지 못하거늘 그 길을 어찌 알겠사옵나이까. 예수께서 이르시되 내가 곧 길이요 진리요 생명이니 나로 말미암지 않고는 아버지께로 올 자가 없느니라" (요한 14:1~6).

"그러므로 이제 그리스도 예수 안에 있는 자에게는 결코 정죄함이 없나니 이는 그리스도 예수 안에 있는 생명의 성령의 법이 죄와 사망의 법에서 너를 해방하였음이라" (로마서 8:1).

"우리는 그리스도 안에서 그의 은혜의 풍성함을 따라 그의 피로 말미암아 속량 곧 죄 사함을 받았느니라" (에베소서 1:7).

"여호와께서 말씀하시되 오라 우리가 서로 변론하자. 너희의 죄가 주홍 같을지라도 눈과 같이 희어질 것이요. 진홍같이 붉을지라도 양털 같이 희게 되리라" (이사야 1:18).

"그런즉 이 일에 대하여 우리가 무슨 말 하리요. 만일 하나님이 우리를 위하시면 누가 우리를 대적하리요. 자기 아들을 아끼지 아니하시고 우리 모든 사람을 위하여 내주신 이가 어찌 그 아들과 함께 모든 것을 우리에게 주시지 아니하겠느냐" (로마서 8:31~32).

"그런즉 너희는 먼저 그의 나라와 그의 의를 구하라 그리하면 이 모든 것을 너희에게 더하시리라" (마태복음 6:33).

변화 프로젝트
(Transformation Project Prison Ministry)

2005년에 창시된 변화 프로젝트는 감옥 문서 선교 비영리 단체로서 17만권도 넘는 책들과 비디오들이 미국 전역으로 교도소, 형무소 그리고 노숙자 보호소에 목사들을 통해서 무료로 배포되고 있습니다. 아담스 카운티 교도소 재소자들의 신앙간증을 엮은 책이 영어로 6권, 스페인어로 2권이 출판 되었고, 비디오 영화가 4편이 제작되었습니다. 변화 프로젝트는 예수님의 복음을 땅 끝까지 전하여 영혼 구원과 영적 성장을 초점으로 하는 소망의 문서 선교입니다. 변화 프로젝트를 후원하기 원하시는 분들은 수표를 Transformation Project Prison Ministry로 쓰시고 아래 주소로 보내주시면 됩니다.

Transformation Project Prison Ministry
5209 Mountview Blvd.
Denver, CO 80207

홈페이지: www.maximumsaint.org
http//blog.daum.net/hanulmoon24
이메일: tppm.ministry@gmail.com
yonghui.mcdonald@gmail.com

2013년에 한국에서 변화 프로젝트가 설립되었습니다.
한국 연락처: 이 본 목사, 변화 프로젝트 지부장
하늘문교회
인천시 남동구 구월3동 1388-15
우편번호 405-840
Cell: 010-2210-2504, 교회전화: 070-8278-2504
이메일: leeborn777@hanmail.net

하늘문선교회

하늘문선교회는 지극히 작은자에게 사랑과 소망의 가교 역할을 합니다. 미국에서 추방된 교포형제, 자매들, 미국 교도소에서 이송된 형제, 혹은 추방자, 교도소접견, 교도소집회간증, 문서 선교를 통한 신앙치유 사역을 하고 있습니다. 후원계좌: 국민은행 048-401-04-062403
<예금주 이본>
이 본 목사, 하늘문선교회 회장
인천시 남동구 구월3동 1388-15, 우편번호 405-840
Cell: 010-2210-2504, 교회전화: 070-8278-2504
이메일: leeborn777@hanmail.net
홈페이지: http//blog.daum.net/hanulmoon24
홈페이지: http//blog.daum.net/leeborn777

재향 군인회 재단
(Veterans Twofish Foundation)

2011년 재향 군인회라는 비영리단체가 설립되어서 군인들과 군인 가족들의 신앙간증 책을 출판하여 미국 전역으로 교도소, 형무소, 노숙자 보호소 그리고 군인들에게 목사님들을 통하여 무료로 배포되고 있습니다. 재향 군인회를 후원하기 원하시는 분들은 수표를 Veterans Twofish Foundation으로 쓰시고 아래 주소로 보내주시면 됩니다.
Veterans Twofish Foundation
P.O. Box 220, Brighton, CO 80601
홈페이지: www.veteranstwofish.org

저자소개

-이영희-
(Yong Hui V. McDonald also known as Vescinda McDonald)
- 수원장로교 신학교 졸업 (1979년)
- Multnomah University, Portland, Oregon 졸업 (1984년 못노마 대학, 오레건주 학사학위 이수)
- Iliff School of Theology, Denver, Colorado, Master of Divinity 졸업 (2002년 아일맆 연합 감리교 신학대학원, 석사 학위 이수)
- Asbury Theological Seminary (박사학위 과정)
- Denver Women's Correctional Facility Intern Chaplain (2000~2001년) (덴버 여자 감옥 목회자 인턴쉽)
- Iliff Student Senate and Prison Ministry Coordinator (1999~2002년) (사회활동 위원회에서 활동하였으며, 감옥 선교를 시작함)
- Smoky Hill United Methodist Church (2001~2002년) (한인연합감리교회 목사 인턴쉽)
- Memorial Hospital, Colorado Springs, Colorado, Chaplain Intern Ship (2002년) (병원 목사 인턴쉽)
- St. Joseph Hospital, Denver, Colorado (2002년~현재 병원에서 목사로 재직)
- Adams County Detention Facility Chaplain, Brighton, Colorado (2003~현재 아담스 카운티 교도소에서 목사로 재직)

- 2005년 감옥 문서 선교 비영리단체를 설립함. 변화 프로젝트 (Transformation Project Prison Ministry)를 설립하여 책들과 비디오들이 미국과 한국의 교도소, 형무소 그리고 노숙자 보호소에 목사들을 통하여 무료로 배포하고 있습니다. 아담스 카운티 교도소 재소자들의 신앙간증을 엮은 책이 영어로 6권, 스페인어로 2권이 출판 되었고, 비디오 영화가 4편이 제작되었습니다.
- 2008년 남편이 교통사고로 소천한 후 하나님의 치유를 경험하고 상처 받고 슬퍼하는 사람들의 영적, 정신적인 치유를 돕는 문서 선교 (Griefpathway Ventures LLC)를 2010년에 설립하여 그에 관한 책들이 영어와 스페인어 또 한국어로 출판 되었습니다.
홈페이지: www.griefpathway.com
- 2011년 군인들과 군인 가족들의 신앙간증을 발행하는 재향 군인회 재단 (Veterans Twofish Foundation)라는 비영리단체를 설립하였습니다. 군인들과 군인 가족들의 신앙간증을 출판하고 미 전역으로 교도소, 형무소 그리고 노숙자 보호소에 목사들을 통해서 무료로 배포하고 있습니다.

About The Author

Yong Hui V. McDonald, also known as Vescinda McDonald, is a United Methodist minister, chaplain at Adams County Detention Facility (ACDF) in Brighton, Colorado. She is a certified American Correctional Chaplain, spiritual director and on-call hospital chaplain.

She is the founder of the following:
- Transformation Project Prison Ministry (TPPM), a 501(c)(3) non-profit, in 2005. TPPM produces Maximum Saints books and DVDs of ACDF saints stories of transformation and they are distributed freely to prisons, and homeless shelters.
- GriefPathway Ventures LLC, in 2010, to produce books, DVDs, and audio books to help others to process grief and healing.
- Veterans Twofish Foundation, a 501(c)(3) non-profit, in 2011, to reach out to produce books written by veterans and veterans' families to reach out to other veterans and their families.

Education:
- Suwon Presbyterian Seminary, Christian Education (1976~1979)
- Multnomah University, B.A.B.E. (1980~1984)
- Iliff School of Theology, Master of Divinity (1999~2002)

- Asbury Theological Seminary, student of Doctor of Ministry (2013-Present)

Books and Audio Books by Yong Hui:
- *Journey With Jesus, Visions, Dreams, Meditations & Reflections*
- *Dancing In The Sky, A Story of Hope for Grieving Hearts*
- *Twisted Logic, The Shadow of Suicide*
- *Twisted Logic, The Window of Depression*
- *Dreams & Interpretations, Healing from Nightmares*
- *I Was The Mountain, In Search of Faith & Revival*
- *The Ultimate Parenting Guide, How to Enjoy Peaceful Parenting and Joyful Children*
- *Prisoners Victory Parade, Extraordinary Stories of Maximum Saints & Former Prisoners*
- *Four Voices, How They Affect Our Mind: How to Overcome Self-Destructive Voices and Hear the Nurturing Voice of God*
- *Tornadoes, Grief, Loss, Trauma, and PTSD: Tornadoes, Lessons and Teachings—The TLT Model for Healing*
- *Prayer and Meditations, 12 Prayer Projects for Spiritual Growth and Healing*
- *Invisible Counselor, Amazing Stories of the Holy Spirit*
- *Tornadoes of Accidents, Finding Peace in Tragic Accidents*

- *Tornadoes of Spiritual Warfare, How to Recognize & Defend Yourself From Negative Forces*
- *Lost but not Forgotten, Life Behind Prison Walls*
- *Loving God, 100 Daily Meditations and Prayers*
- *Journey With Jesus Two, Silent Prayer and Meditation*
- *Women Who Lead, Stories about Women Who Are Making A Difference*
- Complied and published *Tornadoes of War, Inspirational Stories of Veterans and Veteran's Families* under the Veterans Twofish Foundation.
- Compiled and published five *Maximum Saints* books under the Transformation Project Prison Ministry.

DVDs produced:
- *Dancing In The Sky, Mismatched Shoes*
- *Tears of The Dragonfly, Suicide and Suicide Prevention (Audio CD* is also available*)*

Spanish books:
- *Twisted Logic, The Shadow of Suicide*
- *Journey With Jesus, Visions, Dreams, Meditations and Reflections*

Korean books (한국어로 번역된 책들):
- 『예수님과 걷는 길, 비전, 꿈, 묵상과 회상』 (*Journey With Jesus, Visions, Dreams, Meditations & Reflections*)

- 『치유, 사랑하는 이들을 잃은 사람들을 위하여』 (Dancing In The Sky, A Story of Hope for Grieving Hearts)
- 『꿈과 해석, 악몽으로부터 치유를 위하여』 (Dreams & Interpretations, Healing from Nightmares)
- 『나는 산이었다, 믿음과 영적 부흥을 찾아서』 (I Was The Mountain, In Search of Faith & Revival)
- 『하나님의 치유를 구하라, 자살의 돌풍에서 치유를 위하여』 (Twisted Logic, The Shadow of Suicide)
- 『승리의 행진, 미국 교도소와 문서 선교 회상록』 (Prisoners Victory Parade, Extraordinary Stories of Maximum Saints & Former Prisoners)
- 『네가지 음성, 악한 음성을 저지하고 하나님의 음성을 듣는 영적훈련』 (Four Voices, How They Affect Our Mind)
- 『하나님 사랑합니다, 100일 묵상과 기도』 (Loving God, 100 Daily Meditations and Prayers)
- 『영적 전쟁에서의 승리의 길』 (Tornadoes of Spiritual Warfare, How to Recognize & Defend Yourself From Negative Forces)
- 『예수님과 걷는 길 2편, 침묵기도와 묵상』 (Journey With Jesus Two, Silent Prayer and Meditation)

그린이 소개

-박영득-

박영득 (Holly Weipz)은 콜로라도 주 브라이튼시에 있는 성 어거스틴교회를 섬기고 있으며 특히 성체조배와 그림, 일러스트레이터를 통하여 주님께 영광을 드리는 자원봉사자 입니다.

Holly Weipz, a resident of Brighton Colorado, is a participant of the City of Brighton's Artist on Eye of Art Program. She is a member of St. Augustine Catholic Church and enjoys drawing and painting.

Made in the USA
Charleston, SC
06 April 2014